Marcus Schmieke

Das Yoga des Wohnens

Marcus Schmieke

Das Yoga des Wohnens

Wohnen und Bauen nach den Gesetzen des Vastu

IIIIIIIIIIIIIIIIIIIIII SILBERSCHNUR IIIIIIIIIIIIIIIIIIIIII

© Verlag »Die Silberschnur« GmbH

ISBN 3-931 652-64-5

1. Auflage 1999

Umschlaggestaltung: Marko Fistrek
Satz: Helge Bauer
Druck: FINIDR, 🄴 s.r.o., Český Těšín

Verlag »Die Silberschnur« GmbH · Steinstraße 1 · D-56593 Güllesheim

www.silberschnur.de
e-mail: info@silberschnur.de

Inhalt

Vorwort

Das Sanskritwort Yoga bedeutet, sich mit etwas Höherem oder Umfassenderen zu verbinden. Das Yoga des Wohnens, in Indien als Vastu bekannt, lehrt dem Menschen, seinen Wohnraum in Einklang mit den Gesetzen der Natur zu gestalten.

Das jahrtausendealte Wissen des Vastu, der altindischen Wissenschaft des Bauens und der Architektur, erfuhr in den letzten Jahren in Indien eine Renaissance. So erschienen auch in englischer Sprache einige Bücher indischer Autoren, die Vastu einer praktischen Umsetzung zugänglich machen. Diese Literatur ist jedoch zumeist sehr stark auf indische Verhältnisse zugeschnitten und enthält für den europäischen Leser einige Barrieren, die sein Verständnis erschweren.

Dieses Buch verfolgt die Absicht, dem deutschsprachigen Leser, der sich noch nicht mit der vedischen Architektur beschäftigt hat, einen Zugang zum Vastu zu ermöglichen.

Es enthält somit, neben einigen Anmerkungen zum kulturellen, philosophischen und spirituellen Hintergrund, eine Darlegung der Grundgedanken des Vastu und einen umfangreichen praktischen Teil. Am Ende findet man zwei Beispiele, wie Vastu in die Praxis umgesetzt werden kann und wie seine Anwendung auch in Europa möglich ist.

Im Vastu gibt es klimatisch bedingte Regeln und solche, die universeller Natur sind. Beide miteinander in Einklang zu bringen, ist die Aufgabe des erfahrenen Praktikers.

Tatsächlich stößt die Übertragung der Vastu-Prinzipien auf mitteleuropäische Verhältnisse auf einige Hindernisse. Wir leben unter anderen klimatischen Bedingungen als in Indien, was die Frage aufwirft, inwiefern die dargelegten Prinzipien und Regeln des Vastu klimatisch bedingt sind. Dieser Frage muß mit großer Sorgfalt nachgegangen werden und wird Gegenstand zukünftiger Forschungen sein. Die meisten hier dargelegten Einsichten und Prinzipien sind jedoch von uni-

Ein Haus ist mehr als ein Dach über dem Kopf. Es ist ein Raum zum Leben, der uns mit der Natur und ihren Kräften verbindet und harmonisiert.

verseller Natur und auch für unsere Breitengrade anwendbar. Weiterhin wird die Anwendung des Vastu vor allem mit den strengen deutschen Bauvorschriften kollidieren, die dem Architekten zumeist nur einen geringen Spielraum lassen. Die angeführten Beispiele zeigen jedoch, wie man trotzdem vom Wissen des Vastu beim Bauen profitieren kann.

Dieses Buch hat zum Ziel, die Forschungen und das Interesse an der Wissenschaft des Vastu anzuregen. Eine Auseinandersetzung mit den Grundlagen dieses Wissens wird das Bewußtsein für die Notwendigkeit spirituellen Handelns stärken und spirituelles Wissen in das alltägliche Leben einbringen. Vastu kann dazu beitragen, daß der moderne Mensch wieder seine Beziehung zur Natur und zu den höheren Kräften des Kosmos versteht und in Einklang mit ihnen lebt.

Einführung

Spätestens seitdem das Wissen des Feng Shui über die alte chinesische Kunst des Bauens und Wohnens das europäische Bewußtsein erreicht hat, sind sich viele Menschen auch hierzulande über die feineren Dimensionen des Wohnens bewußt geworden. Wir leben in einer Zeit, in der wirtschaftliche und rein pragmatische Gesichtspunkte das Handeln bestimmen, und nicht mehr die feineren Gesetzmäßigkeiten, die im menschlichen Leben wirksam sind. Doch auch in unserem Kulturkreis wurde schon vor Tausenden von Jahren nach den gleichen Prinzipien gebaut, die jetzt wieder aus dem fernen Osten zu uns zurück kommen. Der europäische Geist hat für Jahrhunderte versucht, den Menschen mehr und mehr aus der natürlichen Ordnung und seiner Beziehung zu Gott und der Natur herauszulösen und zum Herrscher und Maßstab aller Dinge zu emanzipieren. Jetzt erhält er in vielen Bereichen die Quittung für seine Rebellion gegen die Gesetze und Ordnung der Natur und versucht mühsam, sich wieder an sie anzubinden.

Alle alten Kulturen bauten ihre Häuser, Straßen und Städte den gleichen subtilen Naturgesetzen entsprechend. Je näher wir der Gegenwart kommen, desto mehr ging dieses Wissen verloren.

Ausgrabungen und archäologische Untersuchungen alter Siedlungen rund um den Erdball haben gezeigt, daß allen antiken Hochkulturen ein einheitliches Wissen zugrundelag, das in der Art zu leben und zu wohnen zum Ausdruck kommt. Je weiter man in der Geschichte zurückschaut, um so näher kommen sich hierbei die einzelnen Kulturen. Während gerade diese feinere Wissenschaft des Bauens und Wohnens in unseren Breitengraden fast vollständig verloren gegangen ist und in der allgemeinen Baukultur nicht mehr zur Anwendung kommt, haben sich die fernöstlichen Kulturen wie China und Indien in lebendigen Traditionen ihr Wissen weitestgehend erhalten und bringen es nach wie vor zur Anwendung. So kann es sich beispielswei-

Feng Shui arbeitet vor allem mit dem Konzept der Lebensenergie – Chi –, während Vastu uns mit den persönlichen Kräften und Wesenheiten des Kosmos konfrontiert.

se in Indien kein Städteplaner erlauben, einen Stadtteil oder eine neue Siedlung zu planen, ohne die Prinzipien des Vastu zu berücksichtigen. Die gebildeten Inder würden solche Grundstücke, die nicht im Einklang mit den Vastu-Prinzipien stehen, einfach nicht kaufen, bzw. nicht den entsprechenden Preis zahlen.

Während mittlerweile in jeder Buchhandlung Bücher über Feng Shui angeboten werden und bereits Feng Shui-Berater in jeder Stadt und jedem Dorf ansässig sind, ist die altindische Vastu-Lehre noch weitestgehend unbekannt. Dieses Buch soll dem Abhilfe leisten und verfolgt zweierlei Absichten. Auf der einen Seite kann es dem bereits geschulten Anwender des Feng Shui zusätzliche Informationen und Werkzeuge an die Hand geben. Auf der anderen Seite wird es für den einen oder anderen eine gute Alternative zu Feng Shui darstellen, da Vastu in manchen Aspekten genauer ist.

Bei einem vergleichenden Studium fallen zunächst äußerliche Unterschiede zwischen Vastu und Feng Shui auf, die sich bei einer näheren Betrachtung jedoch zu einer harmonischen Einheit fügen, nämlich als zwei komplementäre Systeme, das Wohnen des Menschen in die feinere Ordnung der Natur einzubetten. Beide Systeme haben ihre Berechtigung und besitzen ihre eigenen Stärken, Schwächen und Schwerpunkte.

Vastu und Feng Shui

Feng Shui entwickelte sich aus der taoistischen Tradition und stellt die in China als Chi bekannte Lebensenergie in den Mittelpunkt der Betrachtungen. Ein Haus sollte auf solche Weise geplant, gebaut und eingerichtet werden, daß die jedem Menschen, jeder Pflanze und auch jedem Stein eigene Lebensenergie in seinen Wänden ungestört fließen kann und den in ihm lebenden

Menschen zugute kommt. Ebenso wie unser Körper von der chinesischen Medizin nicht als eine Maschine angesehen wird, die mechanisch ihren Dienst tut, solange sie mit Energie versorgt wird, erkennt auch das Feng Shui ein Haus als mehr als ein Dach über dem Kopf an, das den Menschen vor Regen, Sturm und Kälte schützt. Es ist wie ein zweiter Körper, der die Qualität der seinen Bewohnern zufließenden Lebensenergie beeinflußt. Die Lebensenergie (das Chi) fließt im menschlichen Körper in verschiedenen Zentren und wird dementsprechend bestimmten körperlichen, mentalen und seelischen Funktionen zugeordnet. Diese Zentren werden als Cakren bezeichnet und verkörpern unterschiedliche Qualitäten der Lebensenergie. Wenn all die notwendigen Energien des Menschen ausreichend zur Verfügung stehen und harmonisch miteinander wechselwirken, ist der Mensch gesund und kann in seinem Körper Freude, Weisheit und Glück erfahren. Ebenso fließt die Lebensenergie in jedem Haus durch die Eingänge ein, konzentriert sich an bestimmten Orten und erzeugt Räume unterschiedlicher Qualitäten. Ist dieser Fluß blockiert, können die Bewohner des Hauses die Energien nicht richtig nutzen und werden negativen Einflüssen ausgesetzt, ebenso wie energetische Blokkaden im Körper zu Krankheiten führen können.

Der Unterschied zwischen dem Körper eines Menschen und einem Haus besteht jedoch darin, daß der Körper sich ständig bewegt und sich jeden Moment an einem anderen Ort befinden kann, während ein einmal errichtetes Haus bis zum Ende seines Daseins dort verharren muß. Anderseits haben wir beim Bau eines Hauses Einflußmöglichkeiten der Gestaltung in Bezug auf die Materialien, den Grundriß und den Zeitpunkt des Bauens, die wir in Beziehung zu unserem Körper nicht so leicht geltend machen können. Während Feng Shui sich vor allem auf den Fluß der Lebensenergie im Haus konzentriert, stellt Vastu das Haus in Beziehung

So wie im Körper die Lebensenergie in Cakren unterschiedlicher Qualitäten konzentriert ist, bildet der Fluß des Chi auch im Haus Räume unterschiedlicher Qualitäten aus.

Während im Feng Shui sehr viele Korrekturmöglichkeiten angeboten werden, empfiehlt der Vastu, unglückverheißende Umstände zu vermeiden und nicht zu viele Kompromisse einzugehen.

zu den persönlichen Kräften und Energien der Erde und des Kosmos, die den Himmelsrichtungen entsprechend auf das Haus und seine Bewohner wirken. Beide Systeme haben ihre Berechtigung und müssen mit großer Sorgfalt auf die Verhältnisse außerhalb ihres eigenen Kulturkreises übertragen werden. Hierbei muß man sorgsam zwischen kulturspezifischen Aussagen und Bedingungen unterscheiden und solchen, die globaler oder universeller Natur sind.

Vastu und die Veden

Vastu (mit kurzem a gesprochen) ist ein Sanskritwort und bedeutet so viel wie Natur, Umgebung oder Umwelt. Das hiervon abgeleitete Wort Vastu (mit langem a gesprochen) bezieht sich spezifischer auf alle Arten von Häusern, Wohnstätten, Gebäuden usw.

Die Wissenschaft des Vastu ist ein Teil des Stapatya-Veda, der wiederum dem Atharva-Veda angehört. Letzterer wird als einer der vier Veden angesehen, die zusammengenommen Tausende von Bänden umfassen. Den vier Veden sind philosophische Abhandlungen zugeordnet, die man als Upanishaden bezeichnet und die Lehrgespräche zwischen den vedischen Sehern (Rishis) und ihren Schülern darstellen.

Das Wissen des Vastu wurde in die heutige Zeit auf zwei Wegen überliefert. Zum einen ist es in jahrtausendealten Sanskritwerken, wie der Vastu-Shastra und dem Matsya Purana festgehalten, und zum anderen wurde es über die Jahrtausende in mündlicher Überlieferung von Lehrern zu ihren Schülern weitergegeben. Daher gibt es noch heute lebendige Traditionen der vedischen Architektur, die seit Hunderten von Generationen die Praxis und Theorie des Vastu überliefern. Dieses System der Schülernachfolge ist integraler Bestandteil der altindischen Kultur und ist vor allem dafür verantwortlich, daß ein Teil des Wissens der vedischen Hochkultur, die vor Tausenden von Jahren in Indien blühte, bis zum heutigen Zeitpunkt unverfälscht erhalten ist. Lassen sich Schriften leicht verändern und Zeit, Ort und Umständen gemäß interpretieren, so bildet die vedische Schülernachfolge ein unbestechliches System zum Erhalt und zur Anreicherung des Wissens über lange Zeiträume.

Die altindische Kultur basierte auf den vedischen Schriften, die ein Gesamtwerk von Zehntausenden von Sanskrittexten über alle Bereiche der menschlichen Kultur und des Wissens bilden. Nur ein Teil dieser Schriften existiert noch heute und ist in westliche Sprachen übersetzt. Während ein großer Teil der Veden philosophische, religiöse und spirituelle Inhalte vermittelt, gibt es einen ebenso umfangreichen Teil, der sich mit der Perfektion vielfältiger Wissensbereiche menschlicher Kultur beschäftigt. Der Gandharvaveda enthält die altindische Musikwissenschaft, der Ayurveda das medizinische Wissen der vedischen Kultur, der Dhanurveda die Kampfkunst, die Jyostisha-Shastra die vedische Astronomie und Astrologie usw. All diese Texte durchdringt jedoch das Grundverständnis der Veden über die Bedeutung und den Sinn der Schöpfung und des menschlichen Lebens.

In der Wissenschaft des Vastu verbindet sich das gesamte Wissen der Veden, um den Menschen zu Gesundheit, Wohlstand und Weisheit zu verhelfen.

Die Veden betrachten alle Lebewesen als spirituelle Wesen, die in dieser materiellen Welt fortlaufend entsprechend früherer Wünsche, aber auch anderer Gesetzmäßigkeiten, die man als Karma bezeichnet, eine Vielzahl verschiedener Körper durchwandern. Ebenso wie man dem jeweiligen Anlaß entsprechend eine Vielzahl von Kleidungsstücken trägt, erhält die immaterielle spirituelle Seele ihren Wünschen und ihrem Karma entsprechend unterschiedliche Körper, in denen sie versuchen kann, mit Hilfe der Sinne zu genießen. Wird das Lebewesen letztendlich durch seine materiellen Erfahrungen frustriert und beginnt nach dem eigentlichen Sinn des Lebens zu fragen, mag es seine ewige spirituelle Identität mit der Hilfe der Schriften und der selbstverwirklichten Lehrer verstehen und seine Reise zurück in die spirituelle Wirklichkeit antreten. Die Veden beschreiben die Existenz einer ewigen Welt jenseits der Materie, aus der alle Lebewesen ursprünglich stammen und in die sie wieder zurückkehren können, wenn sie die Illusion des materiellen Daseins

Das ewige Lebewesen ist nur zeitweilig in dieser Welt verkörpert. Es sollte diese Zeit nutzen, um sich bleibende Werte zu schaffen. Daher sehen die Veden sowohl den Körper als auch ein Haus als Tempel an.

Die Veden verbinden materielles und spirituelles Wissen zu einer Einheit. Daher ist Architektur eine spirituelle Wissenschaft und besitzt starke religiöse Elemente.

überwunden haben. Die vedische Philosophie sieht hinter allem die Intelligenz Gottes, der diese Welt zum Nutzen der Lebewesen nach ewigen Gesetzmäßigkeiten geschaffen hat. Das Lebewesen bekommt in dieser Welt die Chance, sein Bewußtsein zu läutern und zu entwickeln, so daß es letztendlich wieder in die Gemeinschaft Gottes zurückkehren kann.

Die Veden verfolgen daher zwei Ziele: Auf der einen Seite weisen sie dem suchenden Menschen den Weg, der aus diesem materiellen Universum zurück in die spirituelle Wirklichkeit führt. Auf der anderen Seite vermitteln sie umfangreiches Wissen, wie man in der materiellen Welt zurechtkommt, ohne in seinen spirituellen Vorhaben gestört zu werden. Dieses Wissen bezieht sich auf verschiedene materielle Wissensbereiche wie Architektur, Medizin, Astronomie, Musik, Kampfkunst usw., und erläutert, wie diese Aspekte menschlicher Kultur zum spirituellen Nutzen des Lebewesens eingesetzt werden können. Kultur bedeutet im vedischen Sinne daher, das Bewußtsein des Menschen zu läutern, ihm Wissen über sein ewiges Selbst zu vermitteln und ihm praktisch zu helfen, im Einklang mit den gegebenen Gesetzmäßigkeiten in dieser Welt zu leben. Die Verehrung Gottes und seiner bevollmächtigten Diener, die als Halbgötter bekannt sind, ist daher ein zentrales Thema der vedischen Kultur. Diese Verehrung verbindet den Menschen mit seinem göttlichen Ursprung und den Kräften des Universums und gestattet es ihm, seine verlorengegangene Beziehung zu Gott wiederzuerlangen.

Die vedischen Tempel sind Abbilder des multidimensionalen Universums und wurden nach kosmischen Gesetzmäßigkeiten erbaut. Sie verbinden ihre Besucher ganz natürlich mit den höheren Wesen und Kräften.

Die vedische Architektur ist Ausdruck dieses Anliegens. Sie faßt das gesamte vedische Wissen über den Aufbau des Universums, die Bewegung der Planeten, die Elemente der Natur und der sie beherrschenden Wesenheiten, die vedische Mathematik und Astrologie und viele andere Wissensbereiche zusammen, um den Menschen durch eines seiner Grundbedürfnisse, näm-

lich das Wohnen, zu Erkenntnis und Wissen zu führen. Insbesondere in der vedischen Tempelarchitektur kommen kosmische und spirituelle Bezüge klar zum Ausdruck. Die gleichen Regeln des Vastu, die für den Tempelbau gelten, haben auch für den Bau von Wohnhäusern, Dörfern und der Planung von Landschaften und Städten große Relevanz. Die Veden trennen nicht zwischen dem Weltlichen und dem Heiligen. Sie verstehen das Leben, die Welt und die göttliche Welt als eine Sinneinheit, und sehen uns Menschen als Suchende an, die danach streben sollten, den Sinn der Schöpfung in ihrem eigenen Leben zu verwirklichen. Der Architekt wird in der vedischen Tradition gleichzeitig als Gelehrter, Poet, Priester und Handwerker angesehen. Daher werden an ihn die höchsten ethischen und charakterlichen Ansprüche gestellt. Wie ein Poet die Netze von Träumen webt, so webt dieser die Poesie der Gebäude. Er ist ein kreativer Künstler, der auf der Grundlage der in den Schriften gegebenen Gesetzmäßigkeiten eine neue Schöpfung hervorbringt. Der Architekt muß vier Ansprüchen genügen: Er sollte die Schriften des Vastu kennen und zusätzlich auch in Mathematik, Astronomie, Astrologie und Landschaftskunde ausgebildet sein. Weiterhin sollte er dieses Wissen durch praktische Erfahrung verwirklicht haben. Der Architekt sollte auch in den praktischen Künsten wie Zeichnen, Modellieren, Schreinern usw. bewandert sein. Doch sowohl das Wissen der Schriften als auch die praktische Erfahrung des Architekten reichen nicht aus, um ihn zu einem Meister zu machen. Er muß zusätzlich tiefe Intuition und einen klaren persönlichen Einblick in die Zusammenhänge besitzen. In den Veden heißt es hierzu: »Dieser Ozean der Wissenschaft der Architektur ist sehr groß, schwer zu überqueren, ohne Licht und von Dunkelheit umgeben. Viele seiner Bereiche sind unerforscht und können nur dann überquert werden, wenn der Weise mit intuitivem Wissen

Der Vastu-Architekt sollte folgende Qualifikationen besitzen: Wissen aus den Schriften, praktische Erfahrung, Intuition und einen makellosen Charakter.

ausgestattet ist.« Zu der Intuition, die den Architekten erst zu einem Weisen macht, muß sich noch als vierte Qualifikation der makellose Charakter gesellen, der als die wichtigste aller Voraussetzungen gilt. Die heilige Kunst der Architektur kann nur einem Architekten höchster moralischer Integrität anvertraut werden. Sonst könnten hinderliche Eigenschaften wie Zorn, Neid, Gier, Anhaftung und Verwirrung auftreten, die jede wahre und glückverheißende Kunst im Keime ersticken lassen.

Das Gesetz des Karma

Die vedische Philosophie lehrt, daß alle Tätigkeiten und ihre Reaktionen im Universum einem universalen Gesetz gehorchen, das als das Gesetz des Karma bezeichnet wird. Karma bedeutet Tätigkeiten. Im Westen wird das Gesetz des Karma zumeist mißverstanden. Es spricht dem Menschen nicht die Verantwortung für sein Handeln ab, indem es ihn zu einem dem Schicksal unterworfenen Wesen ohne Freiheit macht, das keinen Einfluß auf sein Leben besitzt. Vielmehr besagt das Gesetz des Karma, daß der Mensch für jede seiner Tätigkeiten die Verantwortung trägt. Jede Aktion wird von einer Reaktion gefolgt. Hierdurch wird zwangsläufig auch die Freiheit des Menschen betroffen. Die Reaktionen auf seine vergangenen Taten schränken seine Handlungsfreiheit ein, wenn sie gegen die Naturgesetze gerichtet waren. Handlungen in Einklang mit den Naturgesetzen wahren seine Freiheit. Ebenso wie ein Mensch, der bewußt anderen Lebewesen Leid zufügt und dafür ins Gefängnis kommt, die Beschränkung seiner persönlichen Freiheit in Kauf nehmen muß, kann uns auch das Gesetz des Karma zwingen, auf eine bestimmte Art und Weise zu handeln. Das menschliche Handeln wird daher in jedem Augenblick

Das Maß an Glück und Leid, das man im Leben erfährt, ist nach dem Gesetz des Karma vorherbestimmt. Doch bestimmt jeder selbst, wie er diesen gegebenen Rahmen nutzt, um seine Zukunft zu gestalten und sein Bewußtsein zu entwickeln.

durch die Polarität von Freiheit und Determinismus geprägt. Niemand kann sich von seinen vorhergehenden Aktivitäten lösen, die sein Handeln in der Gegenwart zum Teil bestimmen. In dem Maße, wie sein Bewußtsein entwickelt ist, kann er den verbleibenden Teil seiner Freiheit nutzen, um sein Leben in Richtung größerer Freiheit zu lenken. Tatsächlich fällt der Mensch immer wieder die Entscheidung, ob er in Einklang oder in Disharmonie mit den Gesetzen Gottes leben möchte. Die Entscheidung dafür führt ihn zu Freiheit und dauerhaftem Glück, während die Entscheidung dagegen ihn mehr und mehr bedingt und letztlich aller Freiheit beraubt. Ohne Wissen über seine ewige spirituelle Identität und seine Beziehung zu Gott ist die Freiheit des Menschen nur Illusion. In Wirklichkeit wird ein solcher Mensch durch seine materiellen Wünsche und die Reaktionen auf seine vorangegangenen Taten gezwungen, auf eine bestimmte Art und Weise zu handeln.

Die Veden vermitteln dem Menschen Wissen über die Gesetze der Natur, den Sinn des menschlichen Lebens und die Existenz Gottes. Entschließt er sich, dieses Wissen anzuwenden, löst er sich aus dem Kreislauf des Karma und nähert sich seiner spirituellen Bestimmung.

So sollte man auch das Wissen des Vastu dazu verwenden, um seine Beziehung zu Gott zu vertiefen und seinen Wohnraum als einen spirituellen Ort zu gestalten, der einem möglichst viel Freiheit für sein eigentliches spirituelles Leben gewährt.

In Einklang mit den Naturgesetzen zu handeln, führt zu Freiheit, während weder Freiheit noch Glück erzielt werden, wenn man gegen sie verstößt und nur sich selbst als Maßstab seines Handelns nimmt.

Die Veden sagen: Ein nach Vastu geplantes Haus bringt Glück, Wohlstand, Gesundheit, Freude und Frieden, während eine Verletzung des Vastu zu unliebsamen Reisen, Fehlschlägen und Enttäuschung führt. Alle Häuser, Dörfer und Städte sollten daher zum Wohle der Menschen nach der Vastu-Shastra gebaut werden.

19

Die Grundeinflüsse im Vastu

Im Vastu wird sehr viel Wert darauf gelegt, ein Grundstück und das zu bauende Haus in Einklang mit den naturgegebenen Einflüssen zu planen.

Die vedischen Schriften, die auch die Wissenschaft des Vastu beinhalten, analysieren die materielle Natur auf sehr systematische Art und Weise. In Beziehung zum Wohnen und Bauen heben sie die folgenden Zusammenhänge besonders hervor: Der Einfluß der fünf Elemente Erde, Wasser, Feuer, Luft und Äther; der Einfluß der Sonne in Form ihrer Wärme und ihres Lichts; der Einfluß der klimatischen Gegebenheiten, wie Regen und Wind; der Einfluß des Erdmagnetfeldes und nicht zuletzt auch der Einfluß der anderen Planeten unseres Sonnensystems.

Die fünf Elemente

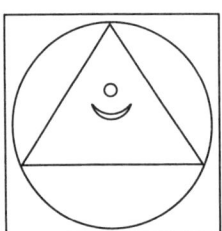

Asana Mandala, das Diagramm der fünf Elemente.

Die Aufteilung der Materie in fünf Elemente finden wir sowohl in der griechischen als auch in der chinesischen Antike. Beide System unterscheiden sich jedoch deutlich von der vedischen Elementelehre, deren vollständige Darstellung an dieser Stelle sicherlich zu weit führen würde. Den interessierten Leser möchte ich diesbezüglich auf meine beiden Bücher »Das letzte Geheimnis« und »Das Lebensfeld« verweisen. Während Feng Shui mit den chinesischen Elementen Erde, Wasser, Feuer, Metall und Holz arbeitet, die eher als dynamische Wandlungsprozesse gesehen werden, bezieht sich die vedische Elementelehre auf die Struktur eines multidimensionalen Universums und dessen Physik. Die Elemente Erde, Wasser und Feuer beziehen sich auf den materiellen Körper und die grobstoffliche materielle Natur, die ihn umgibt, während die

Elemente Luft und Äther sich auf höherdimensionale oder subtilere physikalische Prozesse beziehen, die von der modernen Naturwissenschaft erst nach und nach neu entdeckt werden. Beim Bau eines Hauses kommt es auf das ideale Zusammenspiel und die richtige Anordnung und Gewichtung all dieser Elemente an. Auf ähnliche Weise leitet die vedische Gesundheitslehre, der Ayurveda, aus dem gestörten Gleichgewicht der Elemente Krankheiten ab und versucht, diesen durch den Ausgleich der Elemente vorzubeugen bzw. sie zu heilen.

Das Element Äther bezieht sich auf den Raum, in dem sich das Haus bzw. das Grundstück befindet und auf den Innenraum des Hauses. Der Raum wird also nicht als Vakuum betrachtet, sondern als ein Element, das eine komplexe innere Struktur besitzt und alles in ihm Befindliche beeinflußt. Im Vastu spielt das ätherische Element vor allem durch die Unterscheidung der Himmelsrichtungen und ihrer unterschiedlichen Qualitäten eine entscheidende Rolle. Von großer Bedeutung ist jedoch auch das richtige Arbeiten mit Freiräumen im Haus und unbebauten Flächen auf dem Grundstück. Die innere Qualität des Äthers ist das feinstoffliche Element Klang. Die Geräuschkulisse eines Hauses beeinflußt somit das ätherische Element und daher seinen Raum.

Äther: Raum, Vakuum, feinstoffliche Formen, Klang.

Symbol des Äthers:

Das Element Luft verkörpert das bewegende Prinzip und bezieht sich weiterhin auf das gasförmige Aggregat. Obwohl man sich unter einem Haus zunächst einmal ein statisches Objekt vorstellt, das sich nicht bewegt, ist es doch gleichzeitig ein Ort ständiger Bewegung. Der Wind und die Angriffsfläche, die ihm das Haus bietet, hängen ebenso mit dem Element Luft zusammen, wie der Fluß der Lebensenergie, die im Chinesischen als Chi und im Sanskrit als Prana bezeichnet wird. Prana bedeutet Lebensluft und stellt die feinstoffliche Form des Luftelementes dar. Feng Shui beschäf-

Luft: Bewegung, Lebensenergie, Prana (Chi), Quantenprozesse, Berührung.

Symbol der Luft:

tigt sich sehr intensiv mit dem ungestörten harmonischen Fließen der Lebensluft und auch im Vastu findet dies Berücksichtigung. Nach geomantischen Gesichtspunkten gibt es Orte, die an sich schon durch besondere Qualitäten der Lebensenergie geprägt sind. All diese Faktoren fließen in die Beurteilung eines bestimmten Baugrundstücks und der Planung eines Gebäudes mit ein.

Feuer: Wärme, Licht, Elektrizität, Form und Farbe.

Symbol des Feuers:

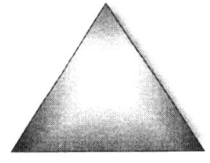

Das Element Feuer spielt in mehrfacher Hinsicht eine große Rolle in der Wissenschaft des Vastu. Feuer verkörpert die Energie des Lichts und der Wärme und hängt mit dem feinstofflichen Prinzip der Form eng zusammen. Die Form eines Grundstückes und die Form des darauf errichteten Gebäudes unterliegen im Vastu strengen Gesetzmäßigkeiten. Ebenso spielt die Bewegung der Sonne bezüglich des Hauses und des Grundstücks eine entscheidende Rolle. Im Haus sind vor allem die Heizung und die Küche am engsten mit dem Element Feuer verbunden. Daher sollte man mit dem Element Feuer besonders sorgsam umgehen.

Wasser: Schwingung, Ausdehnung, Gefühle, Geschmack.

Symbol des Wassers:

Wasser ist die Grundlage des Lebens und somit kommt auch dem Element Wasser beim Bauen viel Bedeutung zu. Regenfall und der Zufluß von Wasser aus Flüssen, Bächen und Quellen spielen ebenso eine Rolle, wie der Grundwasserspiegel und die Arrangierung der Trinkwasserversorgung im Haus. Auch die Lage von Brunnen und anderen größeren Wasserreservoirs bezüglich des Grundstücks und Hauses sind von entscheidender Bedeutung für die zu erwartende Wohn- bzw. Arbeitsqualität. Auch unterirdische Wasserläufe müssen unbedingt in die Planung miteinbezogen werden.

Zuguterletzt findet das Element Erde Beachtung, das die Eigenschaften aller anderen Elemente in sich trägt. Es ist mit den Sinneseigenschaften der anderen Elemente nämlich Klang, Berührung, Form und Geschmack ausgestattet und trägt zusätzlich noch die Ei-

genschaft des Geruchs. Die Beschaffenheit des Baugrundes ist im Vastu ebenso wichtig, wie die Art des Baumaterials. Dem Element Erde sind auch weitere Einflüsse zuzuordnen, die von dem Planeten Erde auf unser Leben einwirken. Hierbei sind vor allem die Erdenergien und das Magnetfeld der Erde zu nennen.

In den Schriften des Ayurveda werden die folgenden Ratschläge gegeben, wie man die positiven Energien der fünf Elemente für sich selbst gewinnen kann:

Erde: Festigkeit, Magnetismus, Schwere, Struktur, Masse, Ladung, Geruch.

Symbol der Erde:

Äther: indem man den Himmel und die Sterne betrachtet;

Luft: indem man den Atem der Pflanzen einatmet;

Feuer: indem man sich direkt der Morgensonne aussetzt;

Wasser: indem man möglichst viel reines Wasser trinkt;

Erde: indem man ohne Schuhe auf der Erde läuft.

Die Wechselwirkung von Sonne und Wasser

Die Wechselwirkung und das Zusammenspiel der einzelnen Elemente wird sehr deutlich, wenn man die Beziehung zwischen den beiden einander gegenüberstehenden Elementen Feuer und Wasser betrachtet. Wasser hat die Eigenschaft, die Qualität und Energie des Sonnenlichts zu speichern. Die moderne Biophysik bestätigt die Photonenspeicherfähigkeit des Wassers und seine enorme Bedeutung für den menschlichen Organismus. Die Sonne versorgt den Menschen durch ihre Strahlung nicht nur mit Energie und Wärme, sondern vor allem auch mit Information und Ordnung. Die auf die Haut und die Augen des Menschen treffenden Lichtstrahlen werden von den Zellkernen des Organismus gespeichert und sind ebenso Nahrung, wie Getrei-

Licht ist ebenso Nahrung des Menschen wie Gemüse und Getreide. Hinter Glasscheiben und Sonnenbrillen und bei künstlicher Beleuchtung werden die Menschen leichter krank und sind weniger leistungsfähig. Wir nehmen Licht nicht nur durch die Augen, sondern auch durch die Haut auf.

 Die Grundeinflüsse im Vastu

Die Qualität unserer Nahrung hängt sehr stark davon ab, wieviel kohärentes Licht oder wieviele Biophotonen sie speichert. Je frischer und natürlicher die Nahrung ist, desto mehr Licht ist in ihr enthalten.

de und Gemüse. Man spricht daher in der Biophysik von Biophotonen, um die besondere Bedeutung des Lichts der Sonne für den Menschen zu verdeutlichen. Wasser kann diese von der Sonne ausgehenden Photonen speichern und später an den Menschen abstrahlen oder direkt abgeben. Diese Zusammenhänge sind auch schon im Vastu berücksichtigt, obwohl die Weisen des alten Indiens sicherlich keine Photonenmultiplier zur Verfügung hatten. Aus dem tiefen Verständnis der Elemente und ihrem Zusammenspiel heraus, lassen sich Erkenntnisse ableiten, die die moderne Wissenschaft erst mühsam sammelt.

Die Quelle allen Lichts und aller Wärme, die Sonne, geht im Osten auf, wobei sie sich sechs Monate im Jahr (22. Dezember bis 20. Juni) Richtung Norden bewegt und sechs Monate (21. Juni bis 21. Dezember) Richtung Süden. Dementsprechend verändert sich die Richtung des Sonnenaufganges im Laufe eines Jahres um ein paar Grad. Dem Nordosten und dem Südosten kommen daher im Vastu unter den acht prinzipiellen Himmelsrichtungen besondere Bedeutung zu, da das Licht der Morgensonne den Organismus sehr positiv beeinflußt. Diese Strahlen sollten daher auf das Grundstück fallen, weswegen im Nordosten und im Südosten des Grundstücks nicht gebaut werden sollte. Es ist aus diesem Grunde sehr gut, im Nordosten unterirdische Wasserspeicher, Brunnen oder ähnliche Wasseranlagen zu haben, während das Wasser einer Toilette in dieser Richtung die prinzipiell gute Wirkung der Sonnenstrahlen verunreinigt und damit ihren Einfluß auf den Menschen umkehrt.

Das Licht der Morgensonne enthält einen besonders hohen Anteil an ultravioletter Strahlung, die für die Produktion von Vitamin D im Körper unersetzlich ist.

Das Licht der Sonne, das aus südöstlicher Richtung auf das Land trifft, hat eine etwas andere Qualität und sollte nicht vom Wasser gespeichert werden. Hierbei sind es vor allem die verstärkten infraroten Anteile des Sonnenlichtes, die den Organismus auf diese Weise negativ beeinflussen.

Der Einfluß der aufgehenden Sonne auf den menschlichen Körper und das Land ist sehr groß, während er nach Sonnenaufgang nicht mehr so stark ins Gewicht fällt. Dafür steigt der Einfluß der anderen Planeten und deren Strahlen.

Die Strahlen des Nachmittags sind für die Vitalität und Gesundheit des Menschen nicht förderlich. Diese Strahlen erreichen das Grundstück aus dem Südwesten, so daß in dieser Himmelsrichtung am besten hohe Bäume gepflanzt oder große Konstruktionen errichtet werden. Auf keinen Fall sollte es in diesen Richtungen Wasserreservoirs geben, die die Energie des Lichtes speichern. Aus dem gleichen Grunde sollten auch die das Land umgebenden Mauern im Osten kleiner sein, als die im Westen. Auch sollte die Anzahl der Fenster im Westen auf ein Minimum reduziert werden. Lediglich im Nordwesten sollte sich in diesem Bereich ein größeres Fenster befinden, um die Luftzirkulation zu gewährleisten, die für die Vitalität wichtig ist.

Der Vastu weist den verschiedenen Bestandteilen des Sonnenlichtes, das heißt den Komponenten seiner spektralen Zerlegung, eine besondere Bedeutung zu. Er spricht von den sieben Strahlen der Sonne, denen er jeweils universelle Prinzipien zuordnet, hinter denen kosmische Wesenheiten stehen. Diese sieben Strahlen bestehen aus Licht in sieben Farben, die entsprechend ihrer Einstrahlungsrichtung und der Tageszeit eine positive oder negative Wirkung haben können. Entsprechend der Vorherrschaft einer dieser sieben Strahlen ist auch der Tag in sieben Abschnitte eingeteilt, die jeweils unter der Herrschaft eines Strahls und damit einer bestimmten Farbe stehen. Den einzelnen Farben sind entsprechende Wesenheiten zugeordnet, die in Indien noch heute als Gottheiten verehrt werden:

• Der frühe Morgen (im Sommer ca. 3.00 Uhr bis 4.30 Uhr) ist als die Brahma-muhurta bekannt, die dem Gott Indra, der Verkörperung von Stärke, zugeordnet wird.

Das UV-Licht der Sonne senkt den Blutdruck, erhöht die Herzleistung, verbessert die EKG- und Blutwerte von Personen mit Arteriosklerose. Es senkt die Cholesterinwerte, wirkt gegen Psoriasis und aktiviert wichtige Hauthormone.
Zuviel UV-Licht ist schädlich. Wir brauchen es in der richtigen Dosierung, die im Licht der Morgensonne vorhanden ist.

Das ultraviolette Licht der Sonne ist genau wie Vitamine oder Mineralien ein Nährstoff. Eigentlich sollte es eine empfohlene Tagesdosis für UV-Licht geben – ebenso wie bei Vitamin C.

. Der Mensch befindet sich in den Zeitzyklen der Natur, wie dem Wechsel der Jahreszeiten und dem Tageszyklus. Jede Jahreszeit und Tageszeit hat ihre eigenen Farben, die unterschiedlich auf Körper und Geist wirken.

Er zerstört die Dunkelheit und führt zum Licht der Wahrheit. Dieser Tagesabschnitt gilt als die beste Zeit zur Meditation und Verehrung Gottes. Tatsächlich stehen viele Menschen in Indien zu dieser Zeit bereits auf, um spirituelle Tätigkeiten auszuführen, Yoga zu praktizieren und so den Tag gestärkt und gut vorbereitet zu beginnen. Dieser Periode wird die violette Farbe zugeordnet.

• In der zweiten Periode (4.30 Uhr bis 6.00 Uhr) beginnen die Vögel mit ihrem Gesang und auch die anderen Tiere beginnen ihren Tag. Die gesamte Natur wird mit neuer Lebensenergie und Stärke erfüllt. Der Herrscher dieses Zeitabschnittes heißt Kashyapa. In der altindischen Gesundheitslehre, dem Ayurveda, heißt es, daß es der Gesundheit sehr abträglich ist, wenn man erst nach dem Verstreichen dieser Zeit aufsteht. Dieser Zeit wird der Strahl mit der Farbe Indigo zugeordnet.

• In der dritten Periode (6.00 Uhr bis 9.00 Uhr) verbreiten sich die Sonnenstrahlen überall, und auch die Menschen beginnen ihre alltäglichen Pflichten auszuführen. Die Farbe dieses Zeitraumes ist blau.

• In der vierten Periode (9.00 Uhr bis 12.00 Uhr) steigert sich die Geschwindigkeit der Aktivitäten der Menschen. Diese Zeitphase steht unter der Herrschaft der Sonne, die um 12.00 Uhr am höchsten steht und entspricht dem grünen Strahl der Sonne.

• Von 12.00 Uhr bis 15.00 Uhr, der Nachmittagsperiode, bewegen sich die Sonnenstrahlen Richtung Westen. Diese Strahlen sind für den Menschen nicht förderlich. Die Wahrheit ist die Beherrscherin dieses Tagesabschnitts. Der gelbe Sonnenstrahl wird dieser Zeitperiode zugeordnet.

• Die Nachmittagssonne von 15.00 Uhr bis 18 Uhr wirkt auf den Menschen negativ. Diesem Zeitraum entspricht der Strahl mit der Farbe Orange.

• Zwischen 18.00 Uhr und 19.30 Uhr vermindert sich das Licht der Sonne sehr schnell und die Dunkelheit

verbreitet sich. Die Tätigkeiten des Tages kommen zum Stillstand. Die Farbe Rot korrespondiert mit diesem letzten Abschnitt des Tages

Die Farben der sieben Strahlen der Sonne sind außerdem den Himmelsrichtungen zugeordnet, die ebenfalls mit dem Lauf der Sonne eng zusammenhängen. Das ultraviolette Segment des Sonnenlichts entspricht der nordöstlichen Himmelsrichtung, die als die reinste angesehen wird. Der Südosten, der dem Feuerelement zugeordnet wird, hängt mit dem infraroten Segment des Sonnenspektrums zusammen. Die Zuordnung der anderen Strahlen der Sonne zu den einzelnen Tagesperioden, Gottheiten und Himmelsrichtungen weist auf tiefgehende physikalische Zusammenhänge hin, die auch von der Zusammensetzung und Struktur der Erdatmosphäre abhängen. Eine detaillierte Untersuchung der vedischen Schriften in dieser Hinsicht würde selbst der modernen Wissenschaft wertvolle Hinweise geben.

Der Einfluß des Magnetfeldes der Erde

Sowohl die Erde, als auch der menschliche Körper haben magnetische Eigenschaften. Während das Erdmagnetfeld immer zwischen Nord und Süd verläuft, befindet sich der magnetische Nordpol des Menschen an seinem Kopf, und seine Füße bilden den Südpol. Diese beiden Felder beeinflussen einander vor allem dann, wenn der Mensch schläft. Schläft er mit seinem Kopf in nördlicher Richtung, so stoßen sich der Nordpol der Erde und der Nordpol des Körpers ab und der Blutkreislauf des Menschen wird merklich negativ beeinflußt. Hierdurch verändert sich der Herzschlag und man kann nicht ruhig schlafen. Die Folge davon sind unruhige Träume. Das Gegenteil wird bewirkt, wenn der Kopf beim Schlafen in südliche Richtung weist. Ungleiche Pole ziehen einander an, so daß ein ruhiger

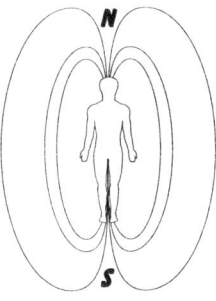

gesunder Schlaf die Folge ist. Auch die Anziehungs-
kraft des Mondes, die Ebbe und Flut bewirkt, beeinflußt den menschlichen Körper. Frauen sind hiervon
stärker betroffen als Männer, was nach der Wissenschaft des Vastu zur Folge hat, daß der Südosten der
südlichen Himmelsrichtung für Frauen förderlicher ist,
als für Männer

All diese Faktoren beeinflussen verschiedene Menschen in unterschiedlichem Maße. Im Leben eines
Menschen wirken gleichzeitig unzählige Einflüsse,
wobei sicherlich sein Haus und seine unmittelbare
Umgebung einen wichtigen Faktor darstellen. Daher
ist es sinnvoll, das Wissen des Vastu individuell und so
weit es möglich ist anzuwenden, um sein Zuhause
nicht nur zu einem Schutz gegen Regen und Kälte, sondern zu einem harmonischen Lebensfeld zu machen.
Das Haus sollte seinen Bewohnern die Energien von
Erde, Natur, Kosmos und der geistigen Welt in idealer
Form zugänglich machen und sie so weit wie möglich
vor negativen Einflüssen schützen.

Vastu und Geographie

Japan

Die Wissenschaft des Vastu läßt sich nicht nur auf
Grundstücke und Häuser anwenden, sondern ist ebenso
hilfreich, um die Geschichte und besonderen Eigenschaften einer Stadt, eines Landes, einer Insel oder eines
ganzen Kontinentes zu verstehen. Hierin zeigt sich, daß
die dem Vastu zugrundeliegenden Naturgesetze von
universeller Natur und keine anthropomorphen Konstruktionen einer abergläubischen Kultur des fernen
Ostens sind. Es seien hier nur einige Beispiele ange-
führt, die im Einzelnen erst verständlich werden, wenn
man die grundlegenden Prinzipien des Vastu kennt, wie
sie in den folgenden Kapiteln erläutert werden.

Japan ist eine kleine Insel, die relativ zu ihrer Größe viel erreicht hat. Der pazifische Ozean liegt im Nordosten, wodurch der Einfluß und die materielle Entwicklung des Landes gefördert wird. Da jedoch sowohl Japans Süden als auch sein Westen ebenfalls von Wasser umgeben sind, wird es von ständigen Erdbeben heimgesucht. Von großem Vorteil sind jedoch die große Länge seiner östlichen Seite, seine leichte Neigung in Richtung Nordost und die Lage seiner Hauptstadt Tokyo auf der östlichen Seite. Da jedoch einige seiner Teile Richtung Südwesten geneigt sind und seine südöstliche Ecke zu kurz abgeschnitten ist, ist es ständigen Erdbeben ausgesetzt.

Ein weiteres gutes Beispiel ist England, das ebenfalls trotz seiner relativ geringen Größe einen enormen Einfluß auf die Weltgeschichte ausgeübt hat.

Großbritannien

Der atlantische Ozean im Westen und die Nordsee im Nordosten sind nach Vastu für seine machtvolle Position verantwortlich. Weiterhin ist seine östliche Seite sehr viel größer als seine südliche Seite, was diese Wirkung noch unterstützt. Seine Hauptstadt London liegt im Südosten des Landes und es liegt perfekt auf der magnetischen Nord-Süd-Achse mit dem Kopf Richtung Süden. Viele andere Eigenschaften der Hauptstadt London weisen auf Englands machtvolle Position hin.

Betrachtet man Deutschland mit den Augen des Vastu, so stellt man fest, daß dessen Hauptstadt Berlin ebenfalls im Osten liegt. Da sie sich jedoch eher im Norden befindet, ist die magnetische Achse dem Magnetfeld der Erde entgegengesetzt, was zu ständigen Spannungen führt. Deutschland ist nur im Norden von Wasser umgeben, was als glückverheißend angesehen wird. Die Alpen befinden sich im Süden, und Richtung Norden kann das Hauptgefälle des Landes ausgemacht werden. Das Land ist in Richtung Nordosten erweitert, was dem Vastu entsprechend Wohlstand und Reichtum bringt. Seine östliche Seite ist deutlich länger als der

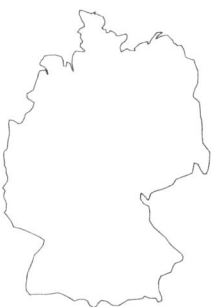

Deutschland

Süden, was auf die Machtposition hinweist, die Deutschland in der Geschichte immer wieder eingenommen hat.

Aus dem Horoskop eines Menschen kann ein erfahrener Astrologe sehr viel darüber ableiten, welche Art von Haus er bewohnen sollte, ob er ein Haus bauen sollte und wann. Insbesondere die Position von Mars, Venus und Jupiter spielen dabei eine große Rolle, ebenso wie der Planet im vierten Haus.

Vastu, Astronomie und Astrologie

Während sich Vastu mit der Aufteilung des Raumes beschäftigt und seinen Teilen unterschiedliche Qualitäten zuordnet, die wiederum für bestimmte Funktionen eines Gebäudes förderlich sind, beschäftigt sich die Astrologie mit der Qualität der Zeit. In der vedischen Kultur betrieb man Astrologie vor allem, um den richtigen Zeitpunkt für den Beginn bestimmter Tätigkeiten herauszufinden. Der vedischen Astrologie (Jyotisha) liegt eine sehr weit entwickelte Wissenschaft der Astronomie zugrunde, die in Sanskritwerken wie dem Surya Siddhanta und dem Siddhanta Shiromani behandelt wird. Jedem Planeten sind im vedischen Weltbild bestimmte Wesenheiten oder Halbgötter zugeordnet, die durch die Bewegung der Planeten ihren Einfluß auf das Leben der Menschen ausüben. Astrologie ergänzt die Wissenschaft des Vastu, um den richtigen Zeitpunkt für den Beginn des Bauens, der Einweihung des Grundstücks und die verschiedenen Arbeitsabschnitte zu finden. Weiterhin beeinflußt sie indirekt auch die Planung der Gebäudeaufteilung, da das geometrische Muster bzw. Mandala, das der Konstruktion von Häusern im Vastu zugrunde liegt, den Einfluß der Sterne und Planeten und deren zeitliche Zyklen geometrisch verarbeitet und mit den Himmelsrichtungen in Beziehung setzt. Somit sind Vastu und Jyotisha nicht voneinander zu trennen.

Die Art des Hauses, das einem Menschen zukommt, leitet der Astrologe aus der Besetzung des vierten Hauses ab.

Sonne im vierten Haus: Stroh- oder Reetdach

Jupiter im vierten Haus: Holzhaus

In der vedischen Astronomie kreisen die Sonne, der Mond und die Planeten auf elliptischen Bahnen, wobei sie zwölf Sternzeichen (Rashis) durchwandern. Jedes Sternzeichen besteht aus 2 1/4 Konstellationen. Es gibt

27 Sterne, die als Nakshatras bezeichnet werden, und jeder dieser Sterne hat vier Teile oder Padas. Somit kommt jedem Sternzeichen ein Winkel von 30°, jedem Stern 13°.20' und jedem Teil eines Sternes 3°.20' zu.

	1	2	
12 Meen = Fische 331° - 360° P. Bhadrapad-4 U. Badrapad, Revati	Mesha = Widder 0° - 30° Aswini, Bharani, Kritik 1	Rishab = Stier 31° - 60° Kirtik 2, 3, 4 Rohini, Mirgshira 1, 2	Mithun = Zwillinge 61° - 90° Mirgshira 3, 4 Aruda Punarvasu 1, 2, 3 **3**
11 Kumb = Wassermann 301° - 330° Danishta, 3, 4 Satabisha Purva Bhadrapad 1, 2, 3			Kark = Krebs 91° - 120° Punarvasu-4 Pushya, Ashlesha **4**
10 Makar = Steinbock 271° - 300° Uttarashad 2, 3, 4 Sravana, Danishta 1, 2			Simha = Löwe 121° - 150° Magha, Purva-Palguni, Uttarapalguni-1 **5**
9 Danush = Schütze 241° - 270° Moola, Purvashada, Uttarashad-1	Virchak = Skorpion 211° - 240° Vishaka-4, Anuradha Jeshta	Tula = Waage 181° - 210° Chitra 3, 4 Swati Vishaka-1, 2, 3	Kanya = Jungfrau 151° - 180° Uttarapalguni 2, 3, 4 Hasta, Chitra 1, 2 **6**
	8	7	

Die zwölf Sternkreiszeichen

Diese Abbildung zeigt die Position der Zeichen, Sterne und Winkel und bezeichnet auch die Gottheiten, die über die jeweiligen Sterne herrschen. Obwohl es Millionen von Sternen im Universum gibt, finden nur die 27 Nakshatras Beachtung, da sich die Erde und die Sonne in ihrem Einflußbereich bewegen. Uranus, Neptun und Pluto werden in der vedischen Astrologie nicht beachtet, da ihr Einfluß auf das menschliche Leben aufgrund ihrer großen Entfernung als eher unbedeutend angesehen wird.

Ein vedisches Horoskop besitzt fünf Teile (Pancanga), die sich auf das Datum, den Stern, den Thiti (die Mondphase), Yoga (verschiedene Konstellationen von

Merkur im vierten Haus: normales Haus

Saturn im vierten Haus: Haus aus Zement und Stahl

Venus im vierten Haus in Verbindung mit anderen glückverheißenden Planeten: großes Haus oder Villa

Sonne: Gesundheit – Meditations- und Altarraum im Nordosten

Mond: Ruhm – Bäder im Osten

Mars: Wohlstand – Küche im Südosten

Merkur: guter Charakter – Studierzimmer und Geschäftsräume im Westen

Jupiter: Respekt – Safe im Norden

Venus: Beredsamkeit – Wohnzimmer, Speisezimmer und Schlafräume

Saturn: Glück – Kuhstall und Lagerräume für Lebensmittel im Nordwesten

Rahu und Ketu: beschützen das Gebäude rundherum

Sonne, Mond und Planeten) und Karana (Effekte der Woche in Beziehung zu den Thitis und verschiedenen Konstellationen) beziehen.

Jyotisha kommt im Vastu vor allem zur Anwendung, um zu bestimmen, ob und auf welche Weise jemand Land bzw. Gebäude erwerben sollte und wie groß sie sein sollten. Neben der Bestimmung des richtigen Zeitpunktes für die verschiedenen Abschnitte des Bauens hilft die Astrologie auch, bestimmte Eigenschaften des Gebäudes im Einklang mit den Einflüssen der Planeten zu planen. Die unterschiedlichen Räumlichkeiten eines Gebäudes werden von jeweils einem Planeten beherrscht. Die Sonne, die Gesundheit verkörpert, beherrscht den Raum, der für die Verehrung Gottes und zur Meditation vorgesehen ist. Der Mond, dem Ruhm und Ehre zugeordnet sind, herrscht über die Bäder. Der Mars, der Planet des Wohlstands, wirkt vor allem auf die Küche. Der Merkur fördert das Studieren, das Geschäft und den guten Charakter, während der Jupiter mit der Eigenschaft des Respekts verbunden ist und den Raum beherrscht, in dem sich der Safe oder die Schatzkammer befindet. Die Venus gebietet über die Fähigkeit der Rede und des sprachlichen Ausdrucks und fördert vor allem das Wohnzimmer, den Speiseraum und die Schlafräume. Der Saturn verkörpert Glück und ist den Lagerräumen und den Ställen zugeordnet. Die beiden Planeten Rahu und Ketu sind in der westlichen Astrologie nicht bekannt, spielen jedoch in der vedischen Astrologie eine große Rolle. Rahu wirkt im Bereich rechts vom Eingang und Ketu beherrscht den Bereich links vom Eingang. Ihr vereinter Einfluß wirkt rund um das Gebäude herum.

Eine eingehende Behandlung dieses Themas würde jedoch den Rahmen dieses Buches sprengen.

Mensch, Natur und Architektur

Vedisches Architekturverständnis

Nach vedischer Ansicht besteht der Zweck eines Hauses nicht allein darin, den Menschen vor den Bedrohungen der Natur zu schützen, sondern ihn harmonisch in sie einzubinden. Die Natur steht dem Menschen nicht als ein feindliches, zu eroberndes Objekt gegenüber. Dieses Mißverständnis des »modernen« Menschen hat zu den vielfältigen ökologischen Problemen geführt, die derzeitig die Existenz unserer gesamten Zivilisation in Frage zu stellen scheinen. So lange der Mensch sich nicht als Bestandteil der Natur versteht, die seinem eigenen Wesen nicht fremd ist, wird er sie nur als ein Objekt der Manipulation und der Befriedigung seiner Wünsche sehen, gegen die er seine eigenen Ziele durchsetzt.

Erst wenn er sich selbst als integralen Bestandteil der Natur erfährt und sein eigenes Wesen in ihr wiedererkennt, kann er die Beziehung zu ihr aufnehmen, die die Voraussetzung für ein beiderseitig harmonisches Zusammenleben bildet. Ein Gebäude oder ein Dorf sind dann keine Verteidigungsanlagen gegen die Bedrohungen der Natur wie Regen, Kälte, Stürme, Sonne und wilde Tiere, sondern die Manifestation der Beziehung des Menschen zu seiner lebendigen Umgebung. Sie werden Ausdruck seines Eingebundenseins in die Gesetzmäßigkeiten, Zeit- und Lebenszyklen und Stimmungen der Natur. Das Haus oder die Stadt schafft auf diese Weise keinen Freiraum für die egoistische Emanzipation des Menschen vom Rest des Planeten, der ihm sozusagen Narrenfreiheit gibt, sondern kreiert einen Mikrokosmos, der ihn optimal in die kosmischen, solaren, irdischen und natürlichen Zusammenhänge einbe-

Die Wissenschaft des Vastu basiert auf fünf grundlegenden Prinzipien:
1) Die Lehre der Orientierung,
2) die Planung des Grundrisses - Vastu Purusha Mandala,
3) die Lehre von den Proportionen und Maßen,
4) die sechs Formeln der vedischen Architektur,
5) Charakter und Ästhetik von Gebäuden - Chanda.

1) Die Lehre der Orientierung:
Die Achsen des Grundstücks und des Gebäudes sollten parallel zu den Himmelsrichtungen liegen. Ebensowichtig ist die Bestimmung des Zentrums oder Nabels des Grundstücks und des Gebäudes. Der östlichen Himmelsrichtung kommt besondere Bedeutung zu, ebenso wie dem Nordosten und dem Südosten.

2) Die Planung des Grundrisses:
Das Vastu Purusha Mandala bildet den metaphysischen Plan eines vedischen Gebäudes. Es symbolisiert die Oberfläche der Erde, die durch Sonnenaufgang und Sonnenuntergang begrenzt wird. Ebenso symbolisiert es die Ekliptik und enthält damit komplexe Zeitzyklen. Die geometrische Umsetzung dieser Prinzipien bildet das Fundament der Grundrißplanung.

3) Die Lehre von den Proportionen und Maßen:
In den Veden heißt es: Sind die Maße und Proportionen der Tempel vollkommen, so ist auch das Universum vollkommen.

Es werden sechs verschiedene Maße miteinander in Beziehung gesetzt: Höhe, Breite, Umfang, Maße von Verbindungslinien, Dicke und Maße von Zwischenräumen.

zieht. Die Räume, die sich der Mensch durch seine Architektur schafft, sind auf diese Weise natürliche Räume, die den Wert und den Zweck seines Daseins fördern und zu erfüllen helfen.

Wohnraum zu schaffen bedeutet im vedischen Sinne, ein Universum zu schaffen. Der Mikrokosmos des Wohnraumes spiegelt im Kleinen den Aufbau und die Dynamik des Kosmos, der Erde und auch der transzendenten Prinzipien und Einflüsse wieder, die jenseits des menschlichen Wahrnehmungsvermögens liegen. Das Universum umfaßt den Zusammenhang von Natur, Erde und Kosmos mit ihren beherrschenden Kräften, den Naturwesen, Halbgöttern und Gott. Diese ganzheitliche und sehr persönliche Sichtweise der Wirklichkeit kommt in den Grundlagen und Techniken der vedischen Architektur klar zum Ausdruck und soll den Menschen immer in Kontakt mit seinen transzendenten Quellen halten.

In der Weise, wie der Mensch die Natur widerspiegelt, so reflektiert die Architektur den Menschen in seiner ganzen Persönlichkeit. Architektur ist somit Ausdruck der natürlichen Beziehung zwischen Mensch und Natur.

Die fünf Elemente zwischen Mensch und Kosmos

Diese Widerspiegelung der Mensch-Natur-Beziehung findet sich in der Architektur vor allem bei den Elementen der vedischen Naturphilosophie. Die Elemente Erde, Wasser, Feuer, Luft und Äther erkennt der Mensch überall in der Natur wieder, indem er sie mit seinen Sinnen wahrnimmt und manipuliert. Den Äther nimmt er durch Klang war und manipuliert ihn durch das Schaffen von Klängen und Räumen. Alle Arten von Schwingungen und Vibrationen beeinflussen den

Äther und damit die Qualität des Raumes. Das Element Luft nimmt er durch den Berührungssinn war. Es dient ihm in Form des Atems als wichtigste Lebensgrundlage. Das Wohlbefinden des Menschen hängt sehr sensibel von der Qualität seiner Atemluft ab, und durch den Vorgang des Atems kann er auch direkt auf die Dynamik des Luftelementes Einfluß nehmen. Im Yoga ist dieser Vorgang der Atemkontrolle als Pranayama bekannt und gilt als machtvolles Mittel, um die Gesundheit zu verbessern, den Geist zu kontrollieren und letztlich auch Kontrolle über die anderen Elemente zu erlangen.

Das Element Feuer wird in Form von Licht vor allem durch die Augen wahrgenommen und hat seinen Ursprung in der Sonne. Formen und Farben sind die inneren Eigenschaften des Feuerelementes, das auch in den Kreisläufen der Natur zum Ausdruck kommt. Der Mensch hat die Fähigkeit, das Element Feuer zu beherrschen und verwendet es für viele Funktionen seines Lebens. In unserer modernen technologischen Zivilisation ist das Feuerelement so vorherrschend geworden, daß das natürliche Gleichgewicht der Elemente bereits merklich gestört ist und es in vielen Bereichen zu einer deutlichen Erhitzung kommt. Es ist eines der Hauptmanipulationsinstrumente des modernen Menschen.

Das Element Wasser wird im Geschmack wahrgenommen und stellt den Gegenpol zum Feuer dar. Der Wasserkreislauf in der Natur und auch im Haus wird durch das Feuerelement in Bewegung gehalten. Die dynamische Wechselwirkung der Elemente Wasser und Feuer ist für das menschliche Leben von zentraler Bedeutung. Wird dieses Verhältnis gestört, mag das System austrocknen, verbrennen oder träge werden. Beim Kochen und bei der Energiegewinnung spielt das richtige Verhältnis dieser Elemente ebenfalls eine große Rolle.

Das Quadrat gilt als Form der Vollendung, da in ihm die polaren Gegensätze zum Ausgleich kommen.

Die folgenden Verhältnisse zwischen Höhe und Breite gelten als glückverheißend:
H/B=1: Frieden
H/B=1,25: Stärke, Reichtum, Perfektion
H/B=1,5: Freude
H/B=1,75: Gesundheit
H/B=2: großartiger Eindruck

4) Die sechs Formeln der vedischen Architektur:

Die erste Formel bezieht sich auf Aaya, dem Produkt aus Länge und Breite des Gebäudes. Mit 9 multipliziert und durch 8 geteilt, ergibt sich ein Quotient und ein Rest. Rest 1,3,5 und 7 gelten als gut. Rest 0,2,4 und 6 gelten als schlecht.

Die fünf anderen Formeln heißen: Vyaya, Yoni, Taaraa, Bhavanaamshaka und Grahanaama.

Schließlich bildet das Erdelement die Grundlage unseres Lebens. Der Mensch besitzt einen erdhaften Körper, der in einer erdhaften Umwelt lebt. Die Landschaften, Bodenbeschaffenheit, Flora und Fauna, die ihn umgeben, repräsentieren ebenso das Erdelement, wie die Werkzeuge, die sich der Mensch schafft, um die Natur um sich herum zu verändern und zu gestalten. Der Bildhauer ist das plastische Beispiel dieses Prinzips.

Die Architektur stellt als aktives Gestaltungsprinzip den schöpferischen Zusammenhang zwischen Natur und Mensch her, und durch sie greift der Mensch kreativ in den Zusammenhang der Elemente ein. Die Elemente bilden die Natur und stehen eng mit den Sinnestätigkeiten des Menschen in Beziehung. Sie bilden jedoch auch die Grundlage für die verschiedenen Bereiche, Tätigkeiten, Werkzeuge und Handlungssysteme der Architektur.

Äther: Der Geist oder das Konzept eines Projektes betreffen den ätherischen Bereich, ebenso wie seine Akustik, Schwingungen und Bereiche der Stille. Kommunikation ist ein wesentlicher Faktor in der Architektur, der zusammen mit dem Design und den sprachlichen Ausdrucksformen dem Element Äther zugeordnet ist.

5) Charakter und Ästhetik von Gebäuden:

Chanda bezieht sich vor allem auf den strukturellen Aspekt des Gebäudes und seiner rhythmischen Disposition. Es bezieht sich sowohl auf den Grundriß als auch auf die vertikale Dimension. Insbesondere wird die Kontur des Gebäudes gegen den Himmel betrachtet.

Luft: Faktoren und Aspekte der Architektur, die mit dem Luftelement in Zusammenhang stehen, sind die Klima- und Wetterbedingungen, die Beschaffenheit von Oberflächen in Bezug auf ihre Berührungsqualität und die Funktionalität und Arbeitsweise von Systemen. Dazu gehört auch der ökologische Aspekt des Bauens.

Feuer: Farben, Formen, Beleuchtung und visuelle Eindrücke werden durch das Feuerelement vermittelt, das auch die Dynamik von Kreislaufsystemen be-

herrscht. Der kulturelle Aspekt der Architektur ist ebenfalls diesem Element zugeordnet.

Wasser: Offensichtlich greift die Architektur in den Wasserkreislauf ein und muß neue Kreisläufe als Untersysteme schaffen wie z.B. die Kanalisation. Es repräsentiert den fließenden Aspekt der Zeit und kommt in der Ästhetik zum Ausdruck.

Erde: Generative Systeme, Gestaltung der Landschaft und der Pflanzenwelt, sowie alle Bereiche, die mit dem Geruch zusammenhängen, sind diesem Element zugeordnet.

In der Architektur ist es wesentlich, all diese Aspekte miteinander zu verbinden und gleichzeitig zu denken, wahrzunehmen, zu erfahren, zu handeln und zu produzieren. Lineare Ausdrucksmittel wie Rede oder Schrift reichen nicht aus, um diese komplexen Zusammenhänge zu erfassen. Der Mensch, seine Umgebung und der Prozeß der Veränderung gehören zusammen und bedingen einander. Der Akt des Entwerfens ist daher ein ganzheitlicher, meditativer und kreativer Prozeß.

Vastu unterscheidet sechs prinzipielle Chandas oder Rhythmen, die mit den grundlegenden Ragas der Musik verglichen werden, nämlich Meru, Khanda-Meru, Pataaka-Chanda, Sushi-Chanda, Uddista und Nasta.
Aus ihnen werden 36 weitere Rhythmen gebildet.

Wohnraum zu schaffen heißt, ein Universum zu schaffen

Die Elemente verbinden den Menschen mit der Natur, der Erde und dem Kosmos. Die vedische Philosophie leitet von den Gesetzen des Kosmos die Regeln des alltäglichen Lebens ab. Daher repräsentiert auch das Haus, der Tempel oder die Stadt die Beziehung des Menschen zum Kosmos. Indem der Mensch einen Wohnraum schafft, indem er ein Haus oder ein Dorf baut, schafft er ein Universum, das all die Aspekte, Einflüsse und Elemente des großen Universums bein-

Das Mandala des Vastu ist das verbindende Muster von Mensch, Erde, Ekliptik und Kosmos.

haltet und das Leben in diese Zusammenhänge integriert. In der vedischen Kultur war die menschliche Gesellschaft auch in sozialer Hinsicht nach den fünf Elementen strukturiert und entsprach der natürlichen Ordnung, die man überall im Kosmos wahrnahm. Die Architektur muß diese kosmische Ordnung zunächst einmal auf die Oberfläche der Erde übertragen, um sie dann in Lebens- und Wohnräume zu verwandeln. Diese Funktion erfüllt das Mandala, das natürliche, metaphysische, geistige und spirituelle Zusammenhänge in geometrischer Form darstellt.

Die Grundmatrix des Bauens

Mandalas

Die Funktion von Mandalas

Ein Mandala ist eine geometrische Form, die, auf ein Zentrum gerichtet, dem Raum eine bestimmte Ordnung gibt. Diese Ordnung drückt Netzwerke von Energien und geistigen Zusammenhängen aus, die in Form geometrischer und farblicher Symbole in das Mandala Einlaß finden. Mandalas haben strenge geometrische Bedeutungen, psychische Wirkungen und metaphysische und spirituelle Bezüge. Sie können physikalische Energien, psychische Emotionen, geistige Wesenheiten, kosmische Prinzipien und spirituelle Persönlichkeiten repräsentieren. Jeder Gottheit und jedem Aspekt Gottes werden in der vedischen Tradition spezifische Mandalas zugeordnet, die dem Menschen Zugang zu ihnen verschaffen sollen. Die Meditation über ein jeweiliges Mandala verbindet den Meditierenden mit der Energie oder Persönlichkeit, die hinter der geometrischen Form steht. Ein Mandala kann quadratisch, dreieckig, hexagonal oder oktagonal geformt sein und ebenso vielfältige Formen und geometrische Gitter enthalten. Es hängt von Ort, Zeit, Umständen und den jeweiligen Personen ab, deren Energien es vermittelt.

Jedem der fünf Naturelemente entspricht ein geometrisches Element, das dieses als Symbol in einem Mandala repräsentieren kann. In der vedischen Architektur spiegeln sich die Elemente direkt in der äußeren Form der Bauwerke wieder. Die folgende Zeichnung stellt die Elemente geometrisch dar und kennzeichnet ihre Beziehung zu Tempelbauten:

Shri Yantra – Mandala der Schöpfungskraft

Mandalas stehen zur Form in der gleichen Beziehung wie Mantras zum Klang. Sie bilden einen visuellen Zugang zu den spirituellen Energien und Persönlichkeiten des Universums.

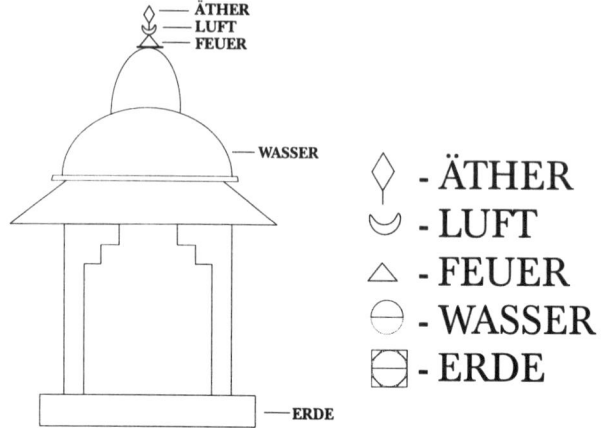

Die Elemente in der Form von Tempeln

Die Linie symbolisiert als geometrisches Element die Trennung. Trennung entspricht dem metaphysischen Prinzip des falschen Egos, das aller materiellen Schöpfung zugrunde liegt. Aus der ursprünglichen Einheit von Geist und Materie manifestiert sich durch das Prinzip der Trennung in innere und äußere Räume die Vielfalt dieser Welt.

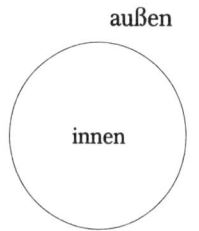

Trennung als Grundprinzip der Schöpfung

In der Vastusutra Upanishad, einem Text der vedischen Tradition über die Bedeutung der Form im Vastu, werden die Naturelemente mit den Grundelementen der geometrischen Darstellung in Beziehung gesetzt. Die Linie steht für das Prinzip der Trennung, das den ursprünglichen Anstoß zur Schöpfung gibt. Sie repräsentiert damit die Tätigkeit des Schöpfers, der die Vielfalt der Welt manifestiert. Gerade Linien werden als Lichtstrahlen angesehen. Die Vastusutra Upanishad ordnet die vertikale Linie dem Element Feuer, die horizontale Linie dem Element Wasser und die Diagonale dem Element Luft zu. Der Kreis um dieses Kreuz herum repräsentiert die Sonne, während die durch die Linien entstehenden Flächen des auf der Spitze stehenden Rhombus dem Element Erde zugeordnet werden. Das der Grundstruktur des Raumes entsprechende Element Äther kann nicht geometrisch dargestellt werden. Weiterhin wird das nach oben weisende Dreieck dem Feuer und das nach unten weisende Dreieck dem Wasser zugeordnet, während die hexagonale Form das Grundprinzip der Anziehung repräsentiert. Die folgende Abbildung stellt diese Zusammenhänge dar.

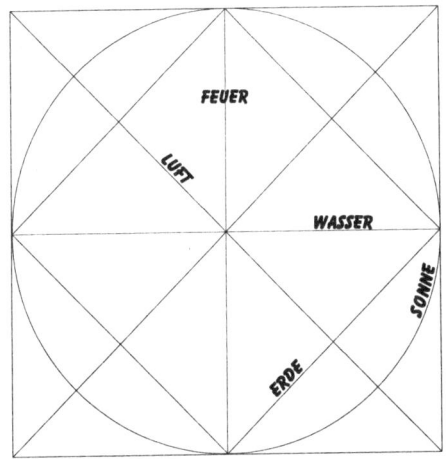

Die Naturelemente als geometrische Elemente

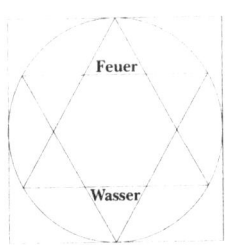

Hexagramm als Überlagerung der Elemente Wasser und Feuer

In einem Mandala haben die Richtungen große Bedeutung. Erst durch die Festlegung der Richtungen wird die eindeutige Beziehung des Mandalas zur Wirklichkeit hergestellt. Hierbei wird der obere Teil dem Norden, der untere dem Süden, links dem Westen und rechts dem Osten zugeordnet.

Die Erde, Gott und die Götter

Neben den Elementen verbindet die Architektur den Menschen nach vedischer Ansicht auch mit der Erde, den Gottheiten des Kosmos und Gott. Das Mandala projiziert all diese Einflüsse auf die Erde und stellt damit das Programm bzw. die Matrix dar, auf der der Mikrokosmos Haus errichtet werden kann. Das Mandala für den Bau von Gebäuden, die Planung von Städten, Dörfern und Landschaften, sogar von ganzen Ländern, bildet die Persönlichkeit des Vastu, den sogenannten Vastu Purusha ab.

Die vedische Weltsicht verbindet jede Energie und jedes abstrakte Prinzip mit einer Persönlichkeit, die dadurch zum Ausdruck kommt. Der Aspekt der Persönlichkeit wird hierbei als umfassender angesehen, da er mit Bewußtsein, Intelligenz und Geist verbunden ist.

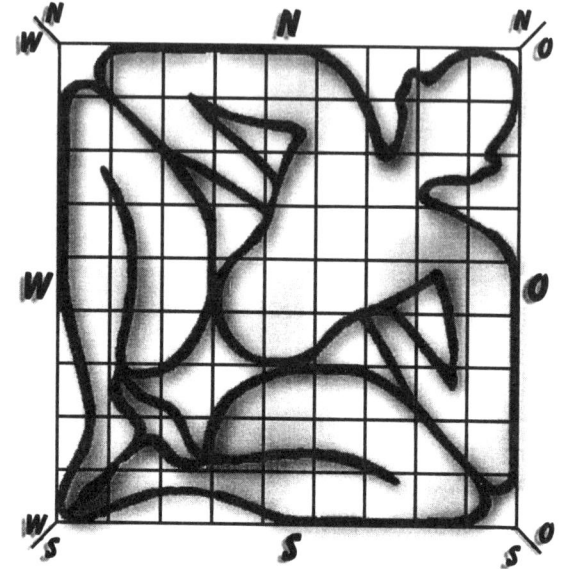

Vastu Purusha

Der Purusha oder die kosmische Person stellt keinen Anthropomorphismus dar. Er weist darauf hin, daß der Mensch Abbild des Universums und das Universum ein Abbild Gottes ist. Die Vorstellung einer kosmischen Person hilft dem Betrachter, eine Beziehung zu Natur und Kosmos zu entwickeln.

Der Vastu Purusha verkörpert den Geist oder »Spirit« des Gebäudes, der das Haus trägt und für sein Wohlergehen verantwortlich ist. Auf seinen einzelnen Körpergliedern residieren verschiedene Gottheiten, die die anderen Aspekte des Lebens und des Universums beherrschen. Der Architekt, der das Gebäude plant, sollte sich über die Position der einzelnen Wesenheiten und die ihnen zugeordneten Prinzipien und Qualitäten bewußt sein, damit das Haus im Einklang mit den Gesetzmäßigkeiten der Natur erbaut wird. Werden diese Gesetzmäßigkeiten verletzt, kommt es zu Reibung und Disharmonie, die sich unter Umständen nicht nur auf das Haus selbst, sondern vor allem auf dessen Bewohner auswirken kann. Auch der menschliche Körper wird als mikrokosmisches Abbild des ganzen Universums angesehen. Körper, Haus und Kosmos sind durch ein Muster miteinander verbunden, das als Vastu Purusha Mandala bezeichnet wird.

Das Vastu Purusha Mandala

Der Text Mayamata sagt: »Man sollte wissen, daß der Vastu Purusha sechs Knochen, ein einziges Herz, vier verwundbare Punkte und vier Gefäße hat. Er liegt auf dem Boden mit seinem Kopf nach Nordosten gerichtet.«

Liegt der Vastu Purusha erst einmal auf dem Boden, so sollte er vom Osten her in Richtung Westen fortschreitend vermessen und in insgesamt 64 oder 81 gleiche Quadrate eingeteilt werden. Auf diesen Quadraten residieren 45 Gottheiten, deren relative Position zueinander die Aufteilung des Mandalas ergibt. Das Bildnis des Vastu Purusha entspricht dem zu bebauenden Grundstück und symbolisiert den kosmischen Menschen. Der Plan des Grundstücks und des Hauses sollte im Einklang mit der Form des Vastu Purusha und seines Mandalas erstellt werden.

Das menschliche Dasein hat drei Aspekte. Es unterliegt den inneren geistigen Einflüssen des Selbst, der Intelligenz und des Ego, und es befindet sich in einem bestimmten physischen, sozialen und materiellen Umfeld. Den dritten Aspekt bilden die Einflüsse, die von außerhalb seiner eigenen Sphäre aus dem universalen und göttlichen Bereich in sein Leben hineinwirken. Durch das Vastu Purusha Mandala wird auch dieser Bereich in den Wohnraum des Mensch hineinprojiziert und mit den anderen beiden Aspekten durch die Architektur verbunden. Es ist der Mensch selbst, der durch seine Handlung (Architektur) mit Hilfe des Mandalas diese Verbindung herstellt und das Gebäude in Beziehung zu den kosmischen und göttlichen Einflüssen programmiert. Da das Vastu Purusha Mandala von Ort, Zeit und Umständen abhängt, muß es von Fall zu Fall individuell erstellt werden. Ähnliche Konzepte werden auch im Westen verwendet. Als Beispiel sei nur Buckminster Fullers Konzept der Synergie genannt, das ein

Nach Buckminster Fullers Definition der Synergetik ist das gesamte Universum durch die dichteste Kugelpackung winziger gleichgroßer Kugeln erfaßbar, die als Maßeinheit der Energie dienen. Solche Energiekugelpackungen bilden je nach Anzahl der Kugeln Gebilde aus, die den regelmäßigen Polyedern ähnlich sind.

Nach Plato werden die fünf Naturelemente durch regelmäßige Polyeder dargestellt, während in der vedischen Vaisheshika-Tradition die entsprechenden dichtesten Kugelpackungen zur Darstellung der Elemente verwendet werden. Das Universum kann damit als eine komplexe mehrdimensionale Struktur geometrischer Elemente dargestellt werden.

Die Darstellung der Natur erfordert daher nur ganze Zahlen. Die vedischen Mandalas sind zweidimensionale Projektionen solcher räumlichen Energiegitter.
Hinter den Zahlen und ihren geometrischen Entsprechungen stehen jedoch letztlich Energien und Kräfte, die wiederum mit Bewußtsein und Persönlichkeit verbunden sind.

dreidimensionales System energetischer Mandalas darstellt, um ein Höchstmaß an struktureller Komplexität zu erfassen.

Die vedische Philosophie versteht den Kosmos als Manifestation eines universalen transzendenten Bewußtseins vollkommener Intelligenz, welches die Welt entfaltet und sie als belebendes Prinzip durchdringt. Dieses nichtduale Bewußtsein wird als Brahman bezeichnet und seine persönliche Form als Vishnu. Der somit heilige Kosmos manifestiert sich als ein vollkommenes Mandala, in dem alle Elemente der Schöpfung in vollkommener Dynamik und Harmonie miteinander wechselwirken.

Das Vastu Purusha Mandala verkörpert diese kosmologischen Prinzipien und leitet daraus die Blaupause eines vollkommenen Gebäudes ab. Es besteht aus einem Gitter von Quadraten, von dem alle fundamentalen architektonischen Formen abgeleitet werden. Es organisiert den Raum und wird daher als ein die Welt umfassendes Symbol angesehen.

Traditionell werden 32 Arten von Mandalas voneinander unterschieden, die sich in der Anzahl der zu einem quadratischen Gitter verbundenen Quadrate unterscheiden. Die einfachste Form ist ein Quadrat, das nicht weiter unterteilt ist; es wird als Sakala Mandala bezeichnet. Es stellt das Mandala für den Sitz eines Asketen dar und organisiert den Raum um ein heiliges Feuer herum. Als Grundriß für ein Gebäude wird es nicht verwendet. Es unterscheidet die vier Haupthimmelsrichtungen in ihrer Qualität voneinander. Im Norden residiert Soma, der Herrscher des Mondes, im Süden Yama, der Herr des Todes, im Westen Varuna, der Herr des Wassers, und im Osten Aditya, der Herr der Sonne.

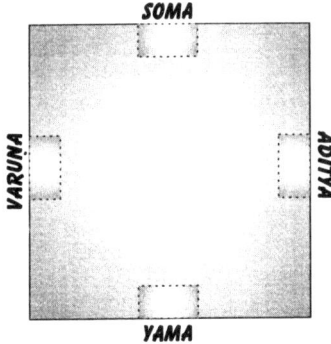

Sakala Mandala

Das zweite Mandala besteht aus vier Quadraten und heißt Pechaka. Es herrscht über die dämonischen Kräfte. In ihm sind auch die Nebenrichtungen voneinander unterschieden und mit vier zusätzlichen Qualitäten besetzt.

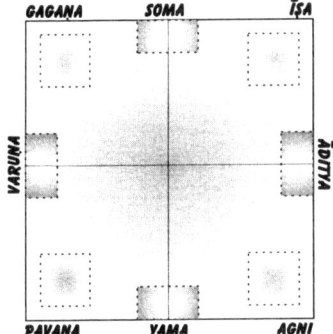

Pechaka Mandala

Das dritte Mandala mit neun Quadraten wird als Pitha oder Thron bezeichnet. So ergibt sich eine Reihe von Mandalas mit 16, 25, 36, 49, 64, 81 usw. Quadraten.

Das größte Mandala besitzt 32 Felder auf jeder Seite, so daß es insgesamt 32x32, also 1024 Felder enthält. Auf jeder Seite residieren somit 32 Gottheiten, die mit den Beherrschern der 28 Häuser des Mondes und den

Im Osten residiert Aditya, der Sonnengott.

Im Süden residiert Yama, der Gott des Todes.

Im Westen residiert Varuna, der Gott des Wassers.

Im Norden residiert Soma, der Gott des Mondes.

Im Nordosten befindet sich Ishan, Gott Selbst.

Im Südosten residiert Agni, der Gott des Feuers.

Im Südwesten residiert Pavana, ein dämonisches Wesen.

Im Nordwesten residiert Gagana, der Gott des Windes.

Herrschern der vier Planeten identifiziert werden, die mit den Punkten der Tag- und Nachtgleiche in Zusammenhang stehen. Das Mandala wird somit durch die Bewegung des Mondes beherrscht, während das im Inneren des Vastu Purusha Mandalas enthaltene Erdmandala durch die Bewegung der Sonne charakterisiert wird. Es verbinden sich somit zwei Zeitzyklen, die einen unterschiedlichen Verlauf nehmen und nur von Zeit zu Zeit zur Übereinstimmung kommen. Solche Ungleichheiten und Unvollkommenheiten bilden das Wesen der materiellen Wirklichkeit. Auch die zyklische Bewegung der Erdachse steht nicht mit den Zyklen von Mond und Sonne in Einklang. Würde alles miteinander in Einklang schwingen, erstarrte das Leben in Perfektion und die manifestierte Welt verschwände im Unmanifestierten.

Die verschiedenen Gottheiten, die nach vedischer Sicht über die Himmelsrichtungen herrschen, sind keine unabhängigen Herrscher. Sie sind Teile bzw. Aspekte Gottes, der als Ishan bezeichnet wird, und den Nordosten beherrscht. Sie werden daher auch als Halbgötter bezeichnet, da ihnen verschiedene Aspekt der kosmischen Verwaltung übertragen worden sind.

Vishnu und Krishna sind Namen Gottes, die sich auf seine transzendentale Gestalt beziehen. Ishan bedeutet, daß Er der Herr über alle anderen Lebewesen einschließlich der Halbgötter ist.
Er führt die verschiedenen Funktionen der Schöpfung, Erhaltung und Vernichtung nicht Selbst aus, sondern überträgt diese Aufgaben den Halbgöttern wie Agni, Varuna, Yama, Vayu usw.

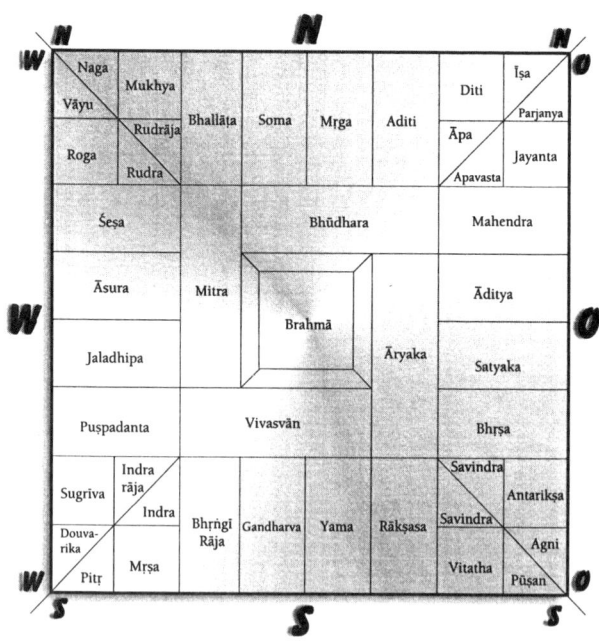

Manduka Mandala

Diese Unvollkommenheit, der die materielle Welt ihre Existenz zu verdanken hat, ist die Basis aller astrologischen Vorausschau und astronomischen Berechnungen. Es gibt beim Vergleich der einzelnen Zyklen miteinander immer einen Rest. Wir kennen diesen Rest durch das Schaltjahr und die Divergenz zwischen Mond- und Sonnenkalender. Ohne Rest würde nichts fortschreiten, weil alle Zyklen einander glichen. Der Raum, den etwas in der Gegenwart einnimmt, befindet sich im Rest der Vergangenheit. Auf diese Weise leitet Vastu den Wohnraum vom Rest der Zeitzyklen ab und weist damit auf die komplexe Beziehung zwischen Raum und Phasenverhältnissen von Zeitzyklen hin.

In den Veden wird das materielle Universum als der Körper Gottes bezeichnet. Es wird somit mit einer kosmischen Person (Virat Purusha) verglichen, auf deren Körperteilen die Elemente, Planetensysteme, Halbgötter und anderen Lebewesen ihren Platz finden. Diese Vorstellung von einer kosmischen Person hat die vedische Architektur in der Form des Vastu Purusha Mandalas umgesetzt.

Das Zentrum des Mandala gilt als Residenz des Schöpfergottes Brahma, der von einer Reihe weiterer Halbgötter umgeben wird. Die acht Himmelsrichtungen werden von acht Planeten beherrscht. Hierdurch symbolisiert das Mandala den heiligen Raum und die zyklische Bewegung der Zeit und umfaßt damit den vollkommen in Raum und Zeit geordneten Kosmos.

Für praktische Zwecke wird das Mandala mit all seinen Unterteilungen auf das Grundstück übertragen, wobei tiefe Markierungen gesetzt werden. Indem der Architekt diesen Vorgang wie ein Ritual ausführt, reift in seinem Geist die Vorstellung von der Anordnung der verschiedenen Teile des zükünftigen Gebäudes.

Das Zentrum stellt das Herz des Gebäudes dar und bildet den Treffpunkt aller zentrifugalen und zentripetalen Energien des Landes. In der monumentalen Ar-

Brahma zählt neben Vishnu und Shiva zu den drei wichtigsten Gottheiten des Universums. Während Shiva zerstört und Vishnu erhält, ist es Brahmas Aufgabe, das Universum zu erschaffen. Seine Schöpfung wird als die zweite Schöpfung bezeichnet, da er letztlich nur mit den Mitteln schaffen kann, die ihm von Vishnu zur Verfügung gestellt werden.

Der Vastu Purusha ist vollkommen wach, wenn sein Kopf in eine der Haupthimmelsrichtungen weist.

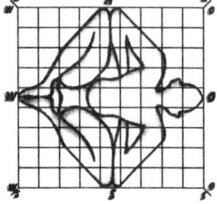

Der Vastu Purusha schläft, wenn sein Kopf in eine der Nebenrichtungen weist.

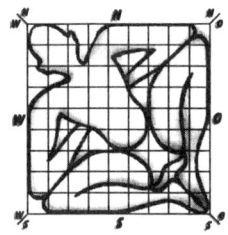

chitektur entspricht das Zentrum einer unsichtbaren inneren Säule, die vom Boden bis zum höchsten Punkt reicht, und in den Tempeln befindet sich dort das Heiligtum oder der Altar. In Wohnhäusern findet sich im Zentrum häufig ein offener Hof, der Licht und Luft in das Gebäude einläßt. Im Zentrum fließt die Lebenskraft Prana, die unsichtbar für die Augen das vitale Prinzip allen Lebens darstellt und von dort aus alle anderen Funktionen des Lebens unterstützt und mit Energie versorgt. Gleichzeitig versorgt dieser innere Freiraum das Gebäude mit Licht und Luft.

Obwohl der Vastu Purusha generell mit seinem Kopf Richtung Nordosten weist, rotiert er in einem Jahr einmal im Uhrzeigersinn innerhalb des Mandalas. Die Richtung seines Kopfes ändert sich in dieser Zeit mehrere Male. Weist sein Haupt in die Haupthimmelsrichtungen, ist er vollkommen wach. Weist er in die Nebenrichtungen, befindet er sich in tiefem Schlaf. Im Einklang mit diesem Bild schreitet auch das Leben auf der Erde durch die verschiedenen Phasen des Wachstums, der Reife, des Verfalls und des Sprießens. Die beste Zeit zum Bauen ist, wenn die Erde vor Leben pulsiert und der Purusha voll erwacht ist.

Diese Bewegung hängt eng mit der Bewegung der Sonne zusammen, die für die Zyklen des Lebens von maßgeblicher Bedeutung ist.

Schläft der Vastu Purusha, sollte nicht mit dem Bauen begonnen werden, und auch die Haupttür sollte in dieser Zeit nicht eingerichtet werden. Die Bestimmung des richtigen Zeitpunktes für den Baubeginn und andere wichtige Ereignisse beim Bau hängt jedoch von vielen anderen Faktoren ab und sollte daher von einem erfahrenen vedischen Astrologen vorgenommen werden.

Die Drehungen des Vastu Purushas sind von dreifacher Art. In seiner stetigen Form weist er immer in Richtung Nordosten, in seiner zeitweiligen Form ändert sich seine Position mit dem Rhythmus der Jahres-

zeiten und in seiner dem Tagesrhythmus folgenden Form dreht er sich alle drei Stunden um 90° und schläft in der Nacht. In den ersten drei Stunden des Tages schaut er Richtung Osten, in den nächsten drei Stunden weist er Richtung Süden, dann drei Stunden Richtung Westen und die letzten drei Stunden vor seiner Nachtruhe Richtung Norden. Die täglichen Arbeiten am Bau werden vor allem durch die täglichen Bewegungen des Vastu Purushas bestimmt, während sich die größeren Bewegungszyklen auf die einzelnen Bauabschnitte beziehen, die über die Monate verteilt sind.

Das Vastu Purusha Mandala stellt aber auch eine Formel dar, gemäß der die Funktionen eines Gebäudes in Beziehung zu den Himmelsrichtungen bestimmt werden können.

Die acht Himmelsrichtungen finden sich in Darstellungen aller Kulturen wieder.

Die Bedeutung der acht Himmelsrichtungen

In der Wissenschaft des Vastu hat jede Himmelsrichtung eine ganz besondere individuelle Qualität, die alles beeinflußt, was sich in dieser Richtung bewegt oder befindet. Die Gründe hierfür liegen teilweise auf der Hand, doch es gibt auch tieferliegende, verborgene Gründe metaphysischer Natur. Die vier Hauptrichtungen Norden, Westen, Süden und Osten bilden zusammen mit den vier Nebenrichtungen Südosten, Südwesten, Nordosten und Nordwesten ein achtfach unterteiltes Quadrat, das sich dem Praktizierenden des Vastu mit all seinen Prinzipien einprägt. Die Nebenrichtungen sind im Vastu noch bedeutsamer als die Hauptrichtungen, da sie die Eigenschaften jeweils zweier Richtungen miteinander verbinden. Daher kommen den Nebenrichtungen mehr Eigenschaften zu als den Hauptrichtungen.

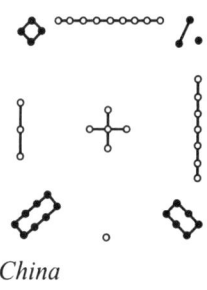

China

Indien

Afrika

Der Osten gilt als die beste aller Himmelsrichtungen. Beim Schlafen, Essen, Kochen und Beten sollte der Kopf Richtung Osten weisen. Das Bad sollte sich im Osten befinden, um die Morgensonne beim morgendlichen Bad zu nutzen.

Die individuelle Qualität der einzelnen Himmelsrichtungen hängt mit der Bewegung der Sonne zusammen, die entsprechend der jeweiligen Zeit aus einer anderen Richtung und mit einer anderen Farbe strahlt. Sie wird jedoch ebenso von der Richtung des Erdmagnetfeldes und der Gravitationswirkung des Mondes bestimmt. Weiterhin wirken durch die Himmelsrichtungen metaphysische Prinzipien kosmischer Natur, die in Indien seit Urzeiten mit den Eigenschaften verschiedener Gottheiten in Beziehung gesetzt wurden. Diese Gottheiten repräsentieren die komplementären Aspekte der einen Wahrheit, bzw. des einen Gottes, der alle Eigenschaften in sich vereint und alle Dualitäten in sich ausgleicht. Kennt man die Qualitäten der acht Himmelsrichtungen und kann man dieses Wissen praktisch anwenden, beherrscht man bereits die Wissenschaft des idealen Bauens.

Der Osten

Indra, der Herrscher der Halbgötter und die Verkörperung von Macht und Stärke, beherrscht den Osten. Im Osten geht die Sonne auf, und daher wird ihm die erste Position unter den Himmelsrichtungen eingeräumt. Diese Richtung gibt Wohlstand und Reichtum und wird auch als die väterliche Richtung bezeichnet. Der östliche Teil eines Grundstücks sollte nicht vollständig bebaut werden, weil damit das väterliche Prinzip verletzt würde. Der Osten wird weiterhin in neun Prinzipien unterteilt, von denen die Sonne, das Feuer, die Wahrheit, der Sieg, Shiva und der Himmel die hervorstechendsten sind.

Der Westen

Die westliche Richtung wird, dem Herrscher über das Element Wasser und den Regen, zugeordnet und steht für Ruhe und Stolz. Auch Ruhm, Berühmtheit und Wohlstand sind Eigenschaften, die im Westen zu fin-

den sind. Der Westen hat weiterhin neun Aspekte. Unter diesen finden sich u.a. Krankheit, Sünde, die Kobra, der Dämon, der Türsteher und die Vorväter.

Der Norden

Die beherrschende Wesenheit des Nordens ist Kuvera, der Schatzmeister der Götter, der für Wohlstand und Reichtum steht. Der Norden verkörpert das mütterliche Prinzip. Daher sollte der Norden des Grundstücks nicht vollständig bebaut werden. Läßt man im Norden keinen Freiraum, so leidet das weibliche und das mütterliche Element darunter. Unter weiteren Prinzipien des Nordens befinden sich: Diti und Aditi (die Mütter der Götter und der Dämonen), die Schlange und der Mond.

Der Süden

Yama, der Herr des Todes, gebietet über diese Himmelsrichtung, die für glückverheißende Tätigkeiten nicht förderlich ist.

Der Südosten

Agni, der Gott des Feuers, ist die Gottheit dieser Richtung, die für die Gesundheit sehr förderlich ist. Aus diesen beiden Gründen (Feuer und Gesundheit) sollte die Küche in jedem Fall im Südosten liegen. Der Südosten ist auch für Agnihotras oder vedische Feuerzeremonien bestimmt.

Der Südwesten

Der Südwesten wird von Putana, einer weiblichen Dämonin, beherrscht und sollte nicht als Ort für glückverheißende Funktionen gewählt werden. Der Südwesten steht für den Charakter und das Benehmen eines Menschen und hängt auch mit dessen Lebensdauer zusammen. Am besten füllt man diese Richtung mit schweren unbeweglichen Dingen auf. Auf keinen Fall sollten in dieser Richtung Wasserreservoirs, Brunnen, Was-

Schlafräume für Kinder und männliche Bewohner sollten sich im Westen befinden, der für Ruhe und Sonnenuntergang steht.

Im Norden des Hauses sollte nicht geschlafen werden. Auch sollte man mit dem Kopf nicht Richtung Norden schlafen.

Der Süden ist ideal für Schlafzimmer. Beim Schlafen kann der Kopf auch Richtung Süden liegen. Eingang im Süden sollte vermieden werden.

Alle Arrangierungen mit Feuer, Hitze, Elektrizität und Energiegewinnung sollten im Südosten plaziert werden.

Der Südwesten sollte möglichst geschlossen und maximal beschwert werden.

sertanks, Toiletten oder Bäder eingerichtet werden. Der Südwesten steht auch eng mit der Sterblichkeit des Menschen und seinem Verhalten bzw. seiner Haltung in Zusammenhang.

Der Nordwesten eignet sich für alle beweglichen Dinge. Autos, Fahrräder, Gäste, Tiere und Geschäfte gehören in den Nordwesten. Er steht für Veränderung, Beziehungen und das leichte Element.

Der Nordwesten

Diese Richtung wird von Vayu, dem Herrn des Windes, beherrscht. Die Zirkulation der Luft bzw. des Windes ist für die Vitalität und Gesundheit der Lebewesen von entscheidender Bedeutung. Daher sollten im Nordwesten keine hohen Gebäude errichtet oder hohe Bäume gepflanzt werden. Diese Himmelsrichtung steht eng mit der Beziehung zu anderen Menschen in Zusammenhang und hat daher viel mit Gastfreundschaft zu tun. In der vedischen Kultur ist Gastfreundschaft eines der wichtigsten gesellschaftlichen Prinzipien.

Der Nordosten

Nach der Auffassung des Vastu wird diese Richtung von Gott selbst beherrscht. Sie sollte demzufolge nicht bebaut werden. Auch sollten sich in dieser Richtung keine Toiletten oder Bäder befinden, während unterirdische Wassertanks, Brunnen und ähnliches in dieser Richtung zu sehr guten Resultaten führen. Der Nordosten steht auch für die männliche Familiennachfolge und steht generell mit männlichen Themen in Zusammenhang.

Der Nordosten ist die Himmelsrichtung der Reinheit und des Göttlichen. Die nordöstliche Richtung des Grundstücks sollte immer rein und ordentlich gehalten werden. Toiletten und Bäder sollten sich dort nicht befinden.

Eine weitere Differenzierung der Himmelsrichtungen erfolgt, indem jede der Nebenrichtungen jeweils zweifach unterteilt wird. Auf diese Weise erhält man die zusätzlichen Richtungen Nordnordost, Ostnordost, Ostsüdost, Südsüdost, Südsüdwest, Westsüdwest, Westnordwest und Nordnordwest.

Vastu Cakra

In der Schrift Vastu Ratnakara werden jeder Himmelsrichtung detailliert die einzelnen Funktionen des Gebäudes zugeordnet. Dieses Diagramm wird als Vastu
Cakra bezeichnet und gibt eine grobe Orientierung für
die Aufteilung des Gebäudes. Es geht von der idealen
Form eines Grundstücks aus, die quadratisch oder
rechteckig ist, und unterteilt diese in 81 Felder gleicher
Größe. In den Ecken dieses Cakra befinden sich die
Nebenrichtungen, während die Haupthimmelsrichtungen auf den Seiten zu liegen kommen. Die Nebenrichtungen umfassen jeweils vier Felder in den Ecken, die
wiederum ein Rechteck bilden, während die Hauptrichtungen auf jeder Seite fünf Felder umfassen. Jedes
einzelne Feld ist einer bestimmten Gottheit zugeordnet, die ein bestimmtes geistiges Prinzip verkörpert.

*Brahma – der
Schöpfer des Universums*

*Im Zentrum des Vastu Cakras befinden
sich 9 Felder, die
Brahma, dem Schöpfergott des Universums zugeordnet
sind. Dieser Raum
sollte offen gehalten
werden und Luft und
Licht zugänglich
sein.*

Vastu Cakra mit 81 Feldern

Vom Plan zum Haus

Das ideale Grundstück besitzt eine quadratische oder rechteckige Form und ist im Süden und Westen erhöht. In seinem Westen und Süden befinden sich Berge und im Norden oder Osten fließt ein Fluß oder Bach. Die Erde sollte einen angenehmen Geruch besitzen und fruchtbar sein.

Über das Grundstück

Die wichtigste Voraussetzung für den Bau eines Hauses, das im Einklang mit den Prinzipien des Vastu steht und mit den Naturgesetzen harmoniert, ist die Wahl des richtigen Grundstücks. Dabei ist wichtig, daß das Grundstück nicht nur selbst die Voraussetzungen erfüllt, sondern auch in einer geeigneten Umgebung liegt. Die folgenden Faktoren sind bei der Wahl des Grundstücks zu beachten:

1) Die Geschichte des Grundstücks, 2) die Form des Grundstücks, 3) die Lage der Straßen, die das Grundstück umgeben, 4) Flüsse und andere Gewässer in der Nähe des Grundstücks, 5) Berge um das Grundstück herum, 6) das Gefälle des Grundstücks, 7) die Beschaffenheit des Bodens, 8) die Richtung des Grundstücks, 9) Hindernisse vor der Hauptzufahrt des Geländes und 10) die Nachbarn und ihre Häuser.

Die Geschichte des Grundstücks

Es ist sehr glückverheißend, vor der Bebauung eines Grundstückes dort für eine gewisse Zeit eine Kuh und ein Kalb anzubinden. Kühe suchen sich Orte positiver Energien, während sich Katzen Orte negativer Energien suchen.

Vastu empfiehlt, kein Grundstück von jemandem zu erwerben, der bankrott gegangen ist, verrückt geworden ist, an einer schweren Krankheit erkrankt ist usw. Die Geschichte eines Grundstücks oder eines Hauses sollte in jedem Fall in Betracht gezogen werden und eventuell die Kaufentscheidung beeinflussen. Manchen Plätzen mögen karmische Belastungen anhaften, die sich von Besitzer zu Besitzer übertragen können.

Die Form des Grundstücks

Die bestmögliche Form eines Grundstücks ist die quadratische Form, bei der alle Himmelsrichtungen ausgewogen miteinander harmonieren können. Hierbei soll-

ten die Ecken nicht auf den Haupthimmelsrichtungen liegen, sondern mit den Nebenrichtungen zusammenfallen. Auch ein rechteckiges Grundstück, dessen Seiten in Richtung der Haupthimmelsrichtungen orientiert sind, ist sehr gut. Kreisförmige oder dreieckige Grundstücke sind nicht harmonisch und führen nicht zu stabilen Verhältnissen. Auf einem runden Grundstück sollten nur runde Gebäude errichtet werden. Auf keinen Fall sollte das Grundstück fünfeckig, sechseckig oder völlig unregelmäßig geformt sein. Falls sich dieser Fall dennoch nicht vermeiden läßt, sollte man einen rechteckigen oder quadratischen Teil des Grundstücks auswählen und durch Mauern oder andere Begrenzungen vom Hauptgrundstück abtrennen. Auf diese Weise lassen sich die zur Verfügung stehenden Energien am besten konzentrieren und harmonisieren. Im Falle eines rechteckigen Grundstückes sollte das Verhältnis der beiden Seiten den Faktor 2 nicht überschreiten. Grundstücke, die sich weiter in die Länge erstrecken sind nicht harmonisch.

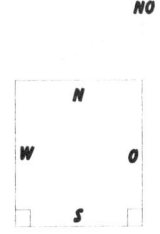

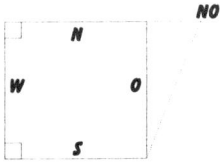

Erweiterungen in Richtung Nordost

Um ein Gespür für den Einfluß der Form des Grundstücks auf das Schicksal der Bewohner zu gewinnen, seien an dieser Stelle einige Beispiele für irregulär geformte Gelände gegeben.

Falls das Grundstück in nordöstlicher Richtung erweitert ist, erwartet die Bewohner Reichtum und Wohlstand, während eine Erweiterung in anderen Richtungen nicht als glückverheißend gilt. Solche Erweiterungen sollten ausgeglichen werden, um zu idealen Verhältnissen zu kommen.

Ebenso sind L-förmige Grundstücke nicht zu empfehlen. Je nachdem welche Ecke des Grundstückes abgeschnitten ist, erwartet die Bewohner Schwierigkeiten im geschäftlichen, familiären, gesundheitlichen oder persönlichen Bereich.

Falls ein Grundstück zwar rechteckig oder quadratisch ist, seine Ecken jedoch in Richtung der Haupt-

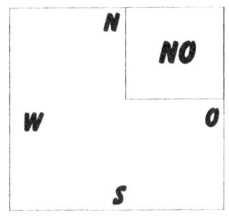

L-förmiges Grundstück ist nicht empfehlenswert

himmelsrichtungen liegen, wird es für die Bewohner schwierig sein, ihre Bemühungen um Erfolg zum Ende zu bringen. Häufig gleitet ihnen der Erfolg in letzter Minute aus den Händen oder ist nur unter Inkaufnahme eines schlechten Gewissens zu erlangen.

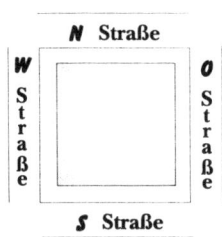

Straßen im Norden, Süden, Westen und Osten

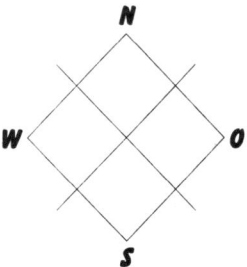

Um 45° verdrehtes Grundstück

Lage der Straßen

Die Lage der Straßen um ein Grundstück herum spielt bei dessen Beurteilung ebenfalls eine wichtige Rolle. Ein Gebäude, das auf allen vier Seiten von parallelen Straßen umgeben ist, gilt als äußerst glückverheißend.

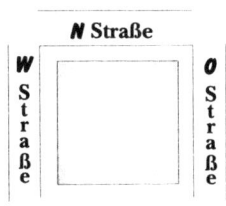

Straßen im Norden, Westen und Osten

Eine solche Lage deutet auf Gesundheit, Reichtum, Wohlstand und einen ausgeglichenen Geist hin. Befindet sich ein solches Grundstück im Nordosten einer Siedlung, ist ein enormes Anwachsen von Reichtum, Geschäft und Wissen zu erwarten. Im Südosten angesiedelt, bietet ein solcher Ort die idealen Voraussetzungen für Hotels und Fabrikationsstätten elektrischer Geräte (Feuerelement).

Straßen auf drei Seiten des Grundstücks

Straßen im Norden, Osten und Westen: Ein solches Grundstück ist sehr gut und fördert Reichtum und Wohlstand. Man sollte darauf achten, daß das Haupttor des Grundstücks im Norden liegt und im Norden und Osten mehr freier Raum gelassen wird als im Süden und Westen.

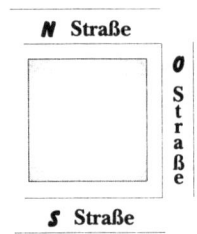

Straßen im Norden, Süden und Osten

Straßen im Osten, Norden und Süden: Auch ein solches Grundstück ist sehr gut, wenn sich der Haupteingang bzw. -zugang im Osten befindet.

Straßen im Osten, Westen und Süden: Eine solche Arrangierung wirkt sich positiv auf das Geschäft aus. In diesem Fall sollte das Grundstück nach Süden hin abfallen und auch der Hauptzugang sollte im Süden liegen.

Straßen im Norden, Westen und Süden: Ebenfalls gut, doch sollte der Haupteingang im Westen liegen, wobei man mehr freien Raum im Osten lassen sollte. Das Gefälle des Geländes sollte idealerweise Richtung Westen verlaufen.

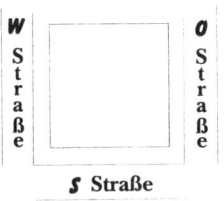

Straßen im Süden, Westen und Osten

Straßen auf zwei Seiten des Grundstücks

Straßen im Norden und Osten: Diese Arrangierung ist die beste. In diesem Fall sollte der Haupteingang des Gebäudes im Osten liegen, wobei man mehr freien Raum im Norden läßt, oder der Haupteingang wird im Norden gebaut, mit mehr Raum im Osten.

Straßen im Osten und Süden: Ein solches Grundstück fördert die Tendenz der Bewohner, das Leben zu genießen und viel Geld für Unterhaltung auszugeben. Der Eingang sollte sich im Osten befinden, wobei mehr Platz im Osten und Norden gelassen wird, mit einem Gefälle Richtung Süden. Ein südlicher Eingang wäre hierbei nicht zu empfehlen.

Straßen im Norden, Süden und Westen

Straßen im Norden und Westen: In diesem Fall sollte der Haupteingang im Westen liegen, mit mehr Raum im Norden und Osten und einem Gefälle Richtung Westen und Süden. Das führt zu Erfolg, Wohlstand und Glück. Im Norden sollte der Haupteingang jedoch nicht liegen, um Probleme zu vermeiden. In jedem Fall sollten es die Bewohner vermeiden, Geld auf unnötige Art und Weise zu blockieren.

Straßen im Süden und Westen: Der Haupteingang sollte im Westen sein mit einem Gefälle Richtung We-

Straßen im Norden und Osten

sten und Süden. Er sollte jedoch nicht Richtung Süden liegen.

Straßen im Westen und Osten: Diese Lage ist gut und sollte durch einen Eingang auf der östlichen Seite unterstützt werden.

Straßen im Norden und Süden: Auch dieser Fall ist gut, wobei sich der Haupteingang im Norden befinden sollte.

Straßen im Süden und Osten

Straße auf nur einer Seite des Grundstücks

In diesem Fall werden Straßen im Norden oder Osten als glückverheißend angesehen. Verläuft die Straße im Westen, fördert dies Ruhm und Ehre, während eine Straße im Süden sich vor allem vorteilhaft auf solche Geschäfte auswirkt, die mit Frauen- und Unterhaltungsartikeln handeln.

Straßen im Norden und Westen

Straßen, die direkt auf das Grundstück münden

Straßen die im Nordosten (nördlich und östlich), im Nordwesten (nur westlich) und im Südosten (nur südlich) auf das Grundstück treffen, gelten als glückverheißend.

Auf der anderen Seite gelten Straßen, die aus nördlicher Richtung im Nordwesten, im Südwesten (westlich oder südlich) und im Südosten aus östlicher Richtung auf das Grundstück zulaufen als unglückverheißend.

Man sollte kein Grundstück erwerben, auf das solche Sackgassen im Norden, Osten, Süden und Westen treffen.

Straßen im Süden und Westen

Gewässer

Flüsse oder Kanäle, die in der Nähe des Grundstücks im Norden fließen, sind glückverheißend, insbesondere, wenn sie von Westen nach Osten fließen und solche im Osten sind es, wenn sie aus dem Süden Richtung Norden fließen. Befinden sie sich jedoch im Westen

oder Süden, sollte ein solches Grundstück vermieden werden.

Hügel und Berge

Hügel und Berge im Süden, Südwesten oder Westen des Grundstücks sind gut, während sie auf den anderen Seiten den Fortschritt behindern.

Das Gefälle des Grundstücks

Auch das Gefälle eines Grundstücks hat einen gewissen Einfluß auf die Lebensqualität, die es seinen Bewohnern bietet. Generell sollten der Süden und der Westen erhoben sein, so daß das Gelände Richtung Norden und Osten abfällt. Auf diese Weise fließt das Wasser aus dem Süden Richtung Norden oder aus dem Westen Richtung Osten. Das nachfolgende Diagramm zeigt die ideale Anordnung der Gefälle in den einzelnen Himmelsrichtungen:

Straßen im Westen und Osten

Straßen im Norden und Süden

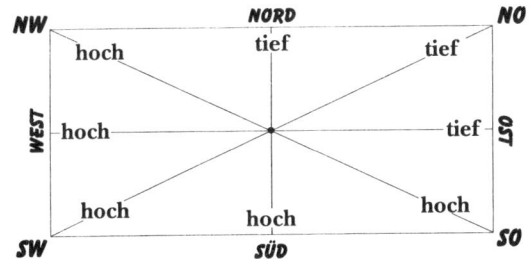

Erhebungen und Senken des Grundstücks

Ist nur der mittlere Teil eines Grundstücks erniedrigt, mögen ein ständiger Kampf mit Krankheiten und häufige Verluste die Folge sein. Auch eine alleinige Erhöhung der südlichen Richtung bringt große Nachteile mit sich. Eine Erhöhung der Mitte gegenüber den Rändern ist jedoch glückverheißend und fördert Reichtum und Wohlstand.

Die Beschaffenheit des Bodens

Der Boden sollte am besten hell, gelb oder rot sein, während eine schwarze Färbung des Bodens tiefer als 3,6 m dazu führt, daß die Bewohner hart arbeiten müssen, ohne ihre Situation wirklich verbessern zu können. Auch sollte man unglückverheißende Dinge, die sich im Boden befinden mögen, entfernen, bevor man dort ein Gebäude errichtet. Hierzu gehören eiserne Gegenstände oder Stahl, zerrissene Kleider, Knochen, Baumwolle, Ameisenhügel, Termiten, Kohle usw.

Die Ausrichtung des Grundstücks

Jedes Grundstück besitzt durch seine Form, die Lage zu den Straßen, seine Zugänge und Bebaubarkeit eine generelle Ausrichtung, welche von großer Bedeutung ist. Weist das Grundstück Richtung Osten, eignet es sich vor allem für Gelehrte, Philosophen, Priester, Professoren und Lehrer. Ist es in Richtung Norden gelegen, fördert es Menschen, die in der Administration tätig sind, für die Regierung arbeiten und Macht besitzen. Verläuft es Richtung Süden fördert es Geschäfte und Menschen die im wirtschaftlichen Bereich tätig sind, während ein Grundstück, das in den Westen ausgerichtet ist, vor allem für Menschen ideal ist, die Dienstleistungen verrichten.

Auf einem runden Grundstück sollten nur runde Gebäude errichtet werden.

Nicht gut. Die Winkel sollten so ausgeglichen werden, daß höchstens der Nordosten erweitert ist.

Hindert den Fortschritt und schafft Probleme mit der Regierung.

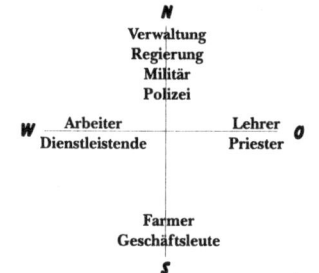

Die vier Himmelsrichtungen und die vier Unterteilungen der Gesellschaft

Hindernisse vor dem Tor

Befinden sich bestimmte Hindernisse vor dem Haupteingang, können die folgenden Probleme auftreten:

Ein großer Baum kann die Entwicklung der Kinder behindern; ein Loch mag Ärger und Bedrückung verursachen; ein offener Brunnen kann die Ursache von mentalen Problemen werden; die Ecke eines anderen Gebäudes mag zu mentaler Unruhe führen; ein Wasserfall kann zu finanziellen Einbußen führen; Säulen und Masten betreffen vor allem die weiblichen Bewohner; zerfallene Häuser oder Mauern gefährden den Wohlstand und Treppen mögen Traurigkeit verursachen.

Sollte mit Hilfe eines Zaunes oder einer Mauer in eine rechteckige Form gebracht werden.

Die Nachbarn und ihre Häuser

Die Lage eines Grundstückes in Beziehung zu den Nachbarhäusern sollte ebenfalls in Betracht gezogen werden. Befindet sich ein kleines Grundstück zwischen zwei großen Grundstücken, sollte es nicht erworben werden. Das gleiche gilt für ein kleines Gebäude, das sich zwischen zwei großen Gebäuden befindet. Hierdurch mag der Käufer von Tag zu Tag ärmer werden. Große Gebäude sollten sich nur im Süden, Südwesten oder Westen befinden, während solche Gebäude im Nordosten die Ursache mentaler Unruhe sein können. Weiterhin sollte von den Nachbargrundstücken kein Regenwasser einfließen, insbesondere nicht aus nördlicher oder östlicher Richtung.

Dieses Grundstück ist zu lang und sollte unterteilt werden.

Der wichtigste Faktor bei der Auswahl eines Baugrundstücks ist die Lage relativ zum magnetischen Meridian. Er sollte parallel zur Achse des Grundstücks liegen. Hierbei gilt eine Toleranz von $15°$ bis $30°$. Für Grundstücke, bei denen die vier Himmelsrichtungen Nord, Süd, West und Ost in den vier Ecken des Grundstückes liegen, gelten die Prinzipien des Vastu zu einem weitaus geringeren Ausmaß. Das bedeutet nicht, daß ein solches Grundstück nicht erworben wer-

Diese unregelmäßige Form sollte ebenfalls korrigiert werden.

*Die oktagonale
Form gilt im Vastu
als sehr glückverhei-
ßend.*

*Fünfeckige Formen
sollten durch geeig-
nete Erweiterung
oder Abtrennung in
eine viereckige Form
verwandelt werden.*

*Unregelmäßige
Rundformen sind zu
vermeiden.*

den sollte. In diesem Fall sollte jedoch große Sorgfalt auf die Auswahl des Ortes für den Haupteingang verwendet werden.

Der Beginn des Bauens

Nachdem das Grundstück nach den Prinzipien des Vastu ausgewählt und korrigiert worden ist, kann die Planung der Gebäude beginnen. Es ist jedoch von großer Wichtigkeit, zunächst einmal das ganze Gelände von unwünschenswerten Dingen zu reinigen. Weiterhin sollte man vor Baubeginn der Erde, auf der man zu bauen plant, seine Achtung und seinen Respekt darbringen. In der vedischen Kultur ist es üblich, das Land vor Baubeginn an einem glückverheißenden Tag mit traditionellen Zeremonien zu verehren. Traditionell gelten Montag und Donnerstag als die besten Tage für die Verehrung der Erde. Im allgemeinen wird der geeignete Moment für die Verehrung der Erde und den darauf folgenden Baubeginn von einem erfahrenen Astrologen bestimmt, der auch mit den Prinzipien des Vastu vertraut ist.

Nach der angemessenen Verehrung der Erde sollte die Planung und auch die Arbeitsweise im Uhrzeigersinn erfolgen. Man sollte nicht im Südwesten mit dem Graben beginnen, um eine Verzögerung der Bauarbeiten zu vermeiden. Es ist in jedem Falle hilfreich, einen Brunnen zu graben, bevor die eigentlichen Konstruktionen beginnen.

Wasserreservoirs und Brunnen

In Indien haben viele Grundstücke ihren eigenen Brunnen. Während wir in Deutschland heutzutage fast ausschließlich das Trinkwasser aus der Wasserleitung be-

ziehen, so wird es in der Zukunft vielleicht wieder wichtig werden, auf eigene Brunnen und Quellen zurückgreifen zu können. Im Vastu wird sehr großen Wert darauf gelegt, daß der Kreislauf des Wassers im Einklang mit den anderen Elementen, vor allem dem Lauf der Sonne steht. Der beste Platz für einen Brunnen ist daher der Nordosten des Geländes. Der Brunnen sollte jedoch nicht auf der Diagonale von Nordost Richtung Südwest liegen, oder diese schneiden, sondern links oder rechts davon gegraben werden. Hierbei ist die östliche Seite der nördlichen Seite vorzuziehen. Er sollte sich nicht im Südosten oder Nordwesten befinden. Somit ist der Osten, dem Norden vorzuziehen, der Norden dem Westen und der Westen dem Süden. Die schlechtesten Plätze für Brunnen liegen im Südwesten, Südosten und in der Mitte des Grundstücks. Der Südosten ist dem Feuer zugeordnet, das dem Wasser diametral gegenübersteht. Daher führt ein Brunnen im Südosten niemals zu einem guten Ergebnis.

Die Regeln, die für Brunnen aufgestellt werden, gelten natürlich im übertragenen Sinne für alle Arten von Wasserreservoirs und Wasserspeicher, die der Wasserversorgung dienen. Auch ein Swimmingpool sollte am besten in nordöstlicher Richtung vom Haus errichtet werden.

Abwasseranlagen sollten nicht im Nordosten eingerichtet werden, um das Trinkwasser nicht zu beeinflussen. Für diesen Zweck sind die nordwestliche Ecke und der Norden, der Platz zwischen Norden und Nordosten, zwischen Osten und Nordosten und zwischen Süden und Südwesten geeignet. Ebenso sollte der Südwesten, Nordwesten oder zentrale Plätze in den Gebäuden nicht für Toiletten genutzt werden. In der vedischen Kultur befanden sich die Toiletten und teilweise auch die Bäder außerhalb des Hauptgebäudes. Die Toiletten können an den Plätzen errichtet werden, die auch

Vorderseite breiter als Hinterseite des Grundstücks: Sollte nicht für Wohn-, sondern nur für geschäftliche Zwecke genutzt werden.

Vorderseite weniger breit als die Hinterseite des Grundstücks: Empfohlen zum Wohnen, aber nicht für geschäftliche Zwecke.

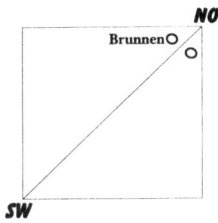

Brunnen sollten nicht auf der Diagonale liegen, sondern daneben.

für den Abwasserbehälter bzw. Abwasserabfluß geeignet sind.

Die Begrenzungsmauer und das Tor des Gebäudes

In Indien ist es üblich, die Grundstücke mit Mauern zu begrenzen, während in Deutschland heutzutage die meisten Grundstücke mit Zäunen oder Hecken umrandet werden. Auch für die Errichtung solcher Begrenzungen gibt es Regeln, die aus tieferliegenden Zusammenhängen abgeleitet sind. Im Allgemeinen errichtet man eine Begrenzungsmauer, die an allen vier Seiten gleich hoch und gleich dick ist, doch favorisiert der Vastu solche Mauern, deren südliche und westliche Seite höher und dicker sind als die östliche und nördliche Seite. Die höheren Mauern im Süden und Westen hindern die infraroten Strahlen der Nachmittagssonne daran, auf das Grundstück zu fallen. Auf der anderen Seite erlaubt es die niedrigere Mauer im Norden und Osten der Morgensonne, uns mit ihren ultravioletten Strahlen zu beglücken, die für die menschliche Gesundheit und Vitalität von großer Bedeutung sind.

Die Begrenzungsmauer oder der Zaun des Grundstücks im Osten und Norden sollte höher sein als im Westen und Süden. Man sollte darauf achten, daß die Begrenzung in keiner Richtung Defekte aufweist.

Mit Hilfe einer Begrenzungsmauer oder eines Zaunes ist es auch möglich, die Form eines Grundstückes zu korrigieren, indem man überschüssige Flächen abtrennt, um beispielsweise das Grundstück in eine ideale rechteckige oder quadratische Form zu bringen. Entsprechend des Vastu soll der Bau der Begrenzungsmauer an einem Montag, Mittwoch, Donnerstag oder Freitag beginnen. Auch die Baurichtung unterliegt den Gesetzen des Vastu. Das Ausgraben der Mauer sollte von der südöstlichen Richtung ausgehend in Richtung Südwesten erfolgen. Hierbei sollte der Boden so tief ausgegraben werden, bis er recht hart wird, aber zumindest bis zu 90 cm Tiefe. Der Bau der Mauer sollte

dann im Südwesten beginnen und Richtung Südosten fortgesetzt werden. Die Mauer sollte in südlicher und westlicher Richtung dicker sein, als in östlicher und nördlicher Richtung. Hierbei sollte darauf geachtet werden, daß die Mauer in den südöstlichen und südwestlichen Ecken einen rechten Winkel bildet. Die nördliche und östliche Mauer kann bis zu einer Höhe von 30 bis 60 cm errichtet werden, worauf dann ein Gitter gesetzt werden kann. In der nördlichen und nordöstlichen Seite der Mauer sollten Fenster eingebaut werden, die Licht und Luft in den Innenraum hereinlassen. Im Süden und Westen sollte es hingegen keine Fenster geben.

Die Tore der Grundstücksbegrenzung

Die Eingänge zum Grundstück können sich an verschiedenen Stellen befinden. Befindet sich je ein Eingang im Norden und Osten, sind Wohlstand und Ruhm die Folge. Liegen sie im Westen und Osten, so werden ebenfalls Reichtum und Wohlstand gefördert. Im Norden und Westen gelegene Tore fördern Reichtum und das Interesse an spirituellen Themen. Auch ein einzelnes Tor im Osten oder im Norden kann zu Reichtum führen. Ein einzelnes im Westen gelegenes Tor läßt das Geschäft für einige Jahre florieren, wonach es dann stagniert. Unter keinen Umständen sollte man das Tor im Süden bauen, was zu vielfältigen Störungen und Schwierigkeiten führt. Um die exakte Position der Tore zu fixieren, kann man die vier Seiten des Grundstücks in jeweils neun Abschnitte aufteilen. Im Norden sollten der Eingang im vierten und fünften Abschnitt liegen, im Osten in Abschnitt drei und vier, im Westen in Abschnitt fünf und sechs. Ein Eingang im südöstlichen Teil des Südens (Abschnitt 2 und 3) kann zu einem gewissen Grade für Frauen förderlich sein.

Haupteingänge liegen am besten im Norden und im Osten. Der Westen ist weniger zu empfehlen, während der Süden auf jeden Fall vermieden werden sollte. Befindet sich ein Eingang im Süden, sollte zumindest ein weiterer Eingang im Norden oder Osten geschaffen werden.

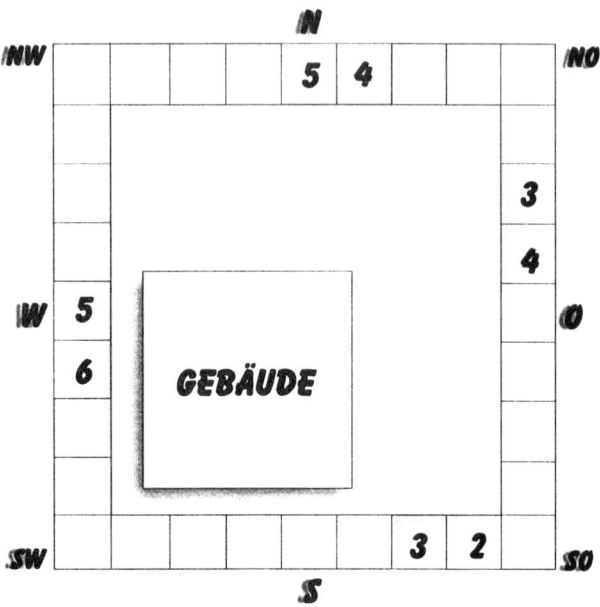

Tore der Grundstücksbegrenzung

Im südwestlichen Teil des Grundstücks sollten die schwersten Anlagen und Gebäudeteile plaziert werden.

Der Nordwesten eignet sich gut für bewegliche Dinge wie Fahrzeuge, Tiere und Getreide.

Der Nordosten eignet sich vor allem für die Wasserversorgung und den Garten.

Es ist besser, zwei Eingänge zu dem Grundstück zu haben. Dann können negative Einflüsse, die durch einen Eingang ins Innere gelangen, durch den zweiten Eingang wieder herausgelangen.

Die Einteilung des Grundstücks

Nachdem somit der äußere Rahmen für den Bau gesteckt ist, kann die innere Planung des Grundstückes beginnen. Wieder ausgehend von einem idealen quadratischen Grundstück, wird es im Vastu in vier gleich große Quadranten aufgeteilt, die als der nordwestliche, nordöstliche, südwestliche und südöstliche Block bezeichnet werden.

Ihrer jeweiligen Qualität entsprechend, sollten diese vier Quadranten unterschiedlich genutzt werden. Der

nordwestliche Quadrant eignet sich besonders gut zur Errichtung von Garagen für die Fahrzeuge, Speichergebäude für Getreide und andere Produkte oder für Ställe. Wie bereits dargelegt, eignet sich der Nordosten besonders für alle Arrangierungen, die mit der Versorgung mit reinem Wasser zu tun haben, wie dem Wassertank, einem Springbrunnen, dem Garten und Brunnen. All diese Dinge sollten sich jedoch auf einem niedrigeren Niveau befinden als der Fußboden des Hauptgebäudes. Brunnen und Wassertank sollten sich nicht direkt vor dem Eingang zum Grundstück befinden, sondern an dessen Seite. Im südöstlichen Quadranten können im Abstand von 60 bis 90 cm von der Begrenzungsmauer Gebäude zur technischen Versorgung errichtet werden.

Im Norden, Osten oder Nordosten sollte die Terrasse des Hauses situiert werden. Der Süden oder Westen eignen sich hierfür nicht.

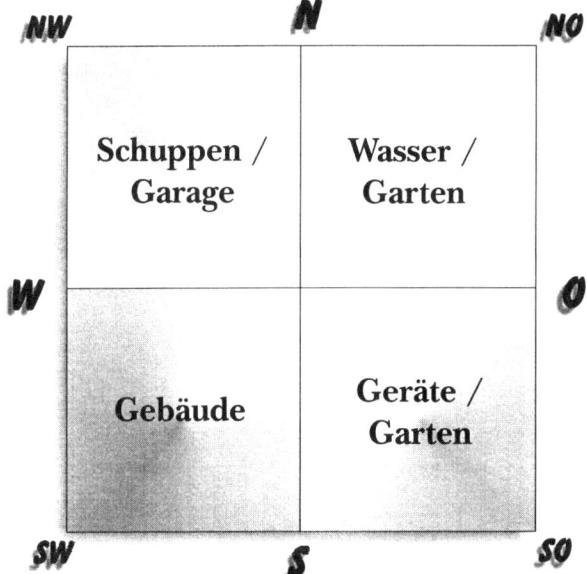

Die Aufteilung der vier Quadranten

Das Hauptgebäude sollte im südwestlichen Quadranten gebaut werden, wobei in jedem Fall darauf zu ach-

Vom Plan zum Haus

Steingärten und Skulpturen sollten im südwestlichen Teil des Gartens plaziert werden.

Der Nordosten des Grundstücks und des Gebäudes sollten immer besonders rein und ordentlich gehalten werden. Insbesondere sollte im Nordosten kein Müll gelagert werden.

Hohe Bäume sollten im Süden und Westen stehen und nicht im Norden oder Osten. Die Anzahl der Bäume auf dem Grundstück sollte gerade sein und am besten nicht mit einer Null enden.

ten ist, daß auf allen Seiten des Gebäudes ein Freiraum zur Begrenzungsmauer des Grundstücks gelassen wird. Der unbebaute Platz sollte im Norden und im Osten größer sein, als im Süden und Westen. Auf diese Weise kann man die förderlichen Sonnenstrahlen auf der östlichen und nördlichen Seite optimal nutzen. Bei allen Konstruktionen ist unbedingt darauf zu achten, daß die Gebäude im Nordosten, Südosten und Nordwesten nicht direkt an die Begrenzungsmauer angesetzt werden, die damit in die Gebäude miteinbezogen würde.

Die Proportionen des Hauptgebäudes sollten im Idealfall zwischen Länge und Breite 1 zu 1 betragen, können jedoch auch bei 1 zu 1,5 oder maximal 1 zu 2 liegen. Das Verhältnis 1 zu 2 zwischen Länge und Breite sollte jedoch nicht überschritten werden. Vorzugsweise sollte das Gebäude in Nord-Süd-Richtung länger sein als in Ost-West-Richtung.

Wie bereits beschrieben, sollte das Grundniveau des Bodens im Westen, Süden und Südwesten, dem Osten, Norden und Nordosten gegenüber erhöht sein. Am besten ist es, den Nordosten am tiefsten zu halten. Falls der Baugrund diesem Grundprinzip widerspricht, sollten durch Umschichten der Erde solche Verhältnisse herbeigeführt werden. Die Mühe und Kosten, die hierbei aufgewendet werden müssen, lohnen sich auf jeden Fall.

Dementsprechend sollten auch die Fußböden der Gebäude im Süden, Südwesten, Südosten und Westen höher liegen als im Norden, Nordosten und Osten. Auf diese Weise fließt das Wasser Richtung Osten und Norden und nicht in andere Richtungen. Der zentrale Bereich sollte ebenerdig sein.

Für das Dach des Gebäudes gibt es zwei Möglichkeiten: entweder fällt es zu allen Seiten von der Mitte ausgehend gleichmäßig ab oder das Gefälle verläuft in Richtung Norden oder Osten, wobei Süden und Westen

auf einem höheren Niveau gehalten werden. Ein Gefälle in Richtung Süden oder Westen sollte vermieden werden, da es zu ernsthaften gesundheitlichen Schwierigkeiten führen könnte.

Auch für die Höhe des Gebäudes kommen zwei Optionen in Frage: Entweder kann das Gebäude überall gleich hoch sein oder der Süden, Südwesten und Westen werden höher gehalten als der Rest des Gebäudes. Somit wäre das Gebäude im Norden, Nordosten und Osten niedriger.

Terrassen, Balkons und Portale sollten im Norden, Osten oder Nordosten des Gebäudes plaziert werden, um Gesundheit, Reichtum und Glück zu fördern. Balkone sollten Richtung Norden und Osten gewandt sein.

Das Dach über einer Veranda im Norden oder Osten sollte niedriger als das Hauptgebäude sein.

Gewinkelte Gebäude

Wohnhäuser haben zumeist quadratische oder rechteckige Formen, doch sind auch L-Formen geläufig. Hierdurch bekommt die bebaute Region dem freien Platz gegenüber ein sehr starkes Gewicht.

Befindet sich das L-förmige Gebäude im Norden und Westen, so wird damit der Norden und Nordwesten schwerer, während der Süden und Südosten geöffnet wird. Hierdurch geraten die Elemente aus dem Gleichgewicht. Ebenfalls ungünstig ist es, die L-Form in den Nordosten zu bauen. Dadurch wird der Nordosten geschlossen, während der Südwesten geöffnet bleibt. Die negativen Einflüsse des Südwesten haben damit freien Zugang zum Gebäude, während die positiven Kräfte des Nordostens unterdrückt werden. Befindet sich der Gebäudekomplex im Südosten, ist ebenfalls mit Nachteilen zu rechnen.

Am besten plaziert man einen L-förmigen Gebäudekomplex im Südwesten, der damit abgeschlossen wird. Hierdurch bleiben der Norden und Osten frei und

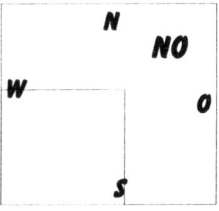

L-Form im Nordosten ist ungünstig, weil der Südwesten offen ist.

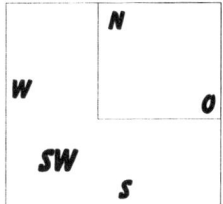

L-Form im Südwesten ist am besten.

Auf jedem Grundstück und in jedem Haus gibt es unglückverheißende Orte mit negativem Einfluß und glückverheißende Orte mit positivem Einfluß. Sie werden anhand der 81 Felder des Vastu Purusha Mandalas und ihrer 45 Beherrscher identifiziert.

Die folgenden Orte gelten als unglückverheißend und sollten nicht zum Wohnen genutzt werden: Yama, Pitar, Dwarpal, Asura, Papa, Roga.
Diese Orte sollten jedoch auch nicht frei gelassen werden.
Am besten bepflanzt man sie mit großen Bäumen.
Im Gebäude sollten die Felder von Pitar und Dwarpal für eine Abstellkammer genutzt werden.

allen Gesetzmäßigkeiten des Vastu ist genüge getan. Hierbei sollten die beiden Flügel jedoch gleiche Größe und am besten kein Obergeschoß besitzen.

Ein weiterer Gebäudetyp ergibt sich, wenn drei von vier Himmelsrichtungen im Winkel bebaut sind. Die entstehende U-Form kann in vier Richtungen geöffnet sein. Schulen, Krankenhäuser, Hotels und Fabriken bevorzugen diese Strukturen. Solche Gebäudekomplexe sollten die Öffnung des Innenhofes in nördlicher oder südlicher Richtung besitzen. Die günstigste Form des Innenhofs ist die des Quadrates.

Die Einteilung des Gebäudeinneren

In den Zeiten der antiken vedischen Baukunst wurde der Grundriß eines Gebäudes auf der Grundlage des Vastu Purusha entwickelt, der bereits in einem vorangehenden Kapitel abgebildet wurde. Der Vastu Purusha ist das Bild eines auf dem Boden liegenden Wesens, das die Wissenschaft des Vastu verkörpert und somit die Grundlage jedes Grundrisses bildet. Das diesem Grundriß entsprechende Mandala teilt die Grundfläche in 81, also neun mal neun Abschnitte, die jeweils einer bestimmten Wesenheit oder Gottheit zugeordnet sind. Dementsprechend hat jeder dieser Abschnitte seine spezifische Funktion und Qualität. Eine solch detaillierte Einteilung und Beachtung der kosmischen Prinzipien läßt sich in der modernen Bauweise kaum noch durchführen. Sie hatte vor allem für die Planung komplexer Tempelanlagen oder Palastgebäude Bedeutung, die mehr als die reine Zweckmäßigkeit eines Wohnhauses verfolgte.

Daher teilt Vastu die Grundfläche eines Gebäudes in sechzehn Abschnitte ein und weist jedem Abschnitt einen bestimmten Zweck zu. Entsprechend ihrer Lage in Bezug zu den Himmelsrichtungen gewinnt jeder der

NORDWEST			KUVERA			NORDOST		
25 Roga	26 Naga	27 Mukhya	28 Bhallata	29 Soma	30 Rishi	31 Aditi	32 Diti	1 Ishan
24 Papa	36 Rudra	42 Ruddasa	43 Prithvi-dhara	43 Prithvi-dhara	43 Prithvi-dhara	44 Upvatsa	33 Upa	2 Parjanyai
23 Shesha	23 Shesha	42 Ruddasa	43 Prithvi-dhara	43 Prithvi-dhara	43 Prithvi-dhara	44 Upvatsa	33 Upa	3 Jayanta
22 Asura	41 Mitra	41 Mitra	45 Brahma	45 Brahma	45 Brahma	37 Marici	37 Marici	4 Indra
21 Varuna	41 Mitra	41 Mitra	45 Brahma	45 Brahma	45 Brahma	37 Marici	37 Marici	5 Surya
20 Pushpa Devata	41 Mitra	41 Mitra	45 Brahma	45 Brahma	45 Brahma	37 Marici	37 Marici	6 Satya
19 Sugriva	35 Indrajaya	40 Vishnu	39 Vivasvan	39 Vivasvan	39 Vivasvan	38 Savita	34 Savita	7 Brusha
18 Dwarpala	35 Indrajaya	40 Vishnu	39 Vivasvan	39 Vivasvan	39 Vivasvan	38 Savita	34 Savita	8 Akasha
17 Pitara	16 Mriga	15 Bhrigu Raja	14 Gandharva	13 Yama	12 Briha-kshata	11 Vitatha	10 Pusha	9 Agni
SÜDWEST			YAMA			SÜDOST		

(Links: VARUNA — Rechts: INDRA)

Vastu Purusha Mandala mit 81 Feldern

sechzehn Abschnitte seine einzigartige Qualität, die bei der Aufteilung der Gebäude in verschiedene Räume berücksichtigt werden sollte. Wie bereits erörtert, hängt die Qualität der einzelnen Himmelsrichtungen von dem Erdmagnetfeld, dem Gravitationsfeld, der Bewegung der Sonne, der Intensität des Regens und vielen anderen Faktoren ab. Den geistigen Hintergrund dieser Zusammenhänge bildet die Zuordnung der Himmelsrichtungen zu den sie beherrschenden Gottheiten.

Die folgenden Orte gelten als glückver-heißend und sollten nicht bebaut werden: Ishan, Agni, Surya, Soma, Brahma usw. An diesen Orten sollten innerhalb des Hauses keine Toiletten, Garagen, Abstellkammern und Müllräume errichtet werden.

Das folgende Diagramm gibt einen schematischen Überblick über die sechzehnfache Gliederung eines Hauses:

An den Orten von Papa und Roga sollten auf dem Grundstück eine Garage oder andere schwere Nutzgebäude errichtet werden.
Der Haupteingang eines Hauses sollte sich nicht an solchen unglückverheißenden Stellen befinden.

KUVERA NORD

VAYU NORDWEST				ISHAN NORDOST
Vieh Getreide-lager	Schlaf-zimmer	Safe	Medizin	Altar
Aufent-haltsraum				Entbin-dungs-zimmer
Speise zimmer				Bad
Studier-zimmer				Butter
Abstell-kammer	Toilette	Salon	Lebens-mittel	Küche

VARUNA WEST

INDRA OST

NIRUTI SÜDWEST   **YAMA SÜD**   **AGNI SÜDOST**

Die 16-fache Gliederung eines Hauses

In der heutigen Zeit kann es sich jedoch kaum noch jemand leisten, sein Haus von vornherein mit sechzehn Zimmern zu planen. Doch bietet Vastu auch eine einfachere Alternative an, die als das Vastu Ashtak Cakra bezeichnet wird, und den acht Himmelsrichtungen entsprechend eine achtfache Einteilung des Hauses vornimmt. Im Zentrum befindet sich der Ort Brahmas, der am besten als offener Raum für Licht und Luft belassen wird. Um dieses Zentrum herum, das im Feng Shui als Zentrum der Lebensenergie, d.h. als Ort des Chi, betrachtet wird, befinden sich acht Bereiche:

Die fünf Elemente lassen sich den Nebenhimmelsrichtungen zuordnen:
Erde: Südwest
Wasser: Nordost
Feuer: Südost
Luft: Nordwest
Äther: Zentrum

NW	N	NO
Lebensmittel Schlafzimmer für Kinder Bad / Toilette	Wohnzimmer Safe	Altarraum Trinkwasser Wohnzimmer
Schlafzimmer für Kinder Speisezimmer Studierzimmer	Offener Raum Luft / Licht	Bad Gästezimmer Veranda Küche
Schlafzimmer für Erwachsene Treppen Rumpel- kammer	Schlafzimmer Speicher Wohnzimmer	Küche elektrische Geräte

W — O

SW — S — SO

Vastu Ashtak Cakra

Das folgende Kapitel behandelt systematisch die einzelnen Funktionen, die in einem Wohnhaus zu finden sind.

Vastu auf einen Blick

Viele der in den folgenden und vorangehenden Kapiteln gegebenen Informationen lassen sich in einem kompakten Diagramm zusammenfassen. Es enthält auch die Aufteilung der Begrenzungslinien des Grundstücks bzw. des Hauses in starke und schwache Bereiche. Die starken Bereiche spielen vor allem für den Einbau von Fenstern und Türen eine wichtige Rolle. Auch bei der Auswahl des Haupteingangs sollte auf die starken Positionen zurückgegriffen werden. Der Umfang des Grundstücks bzw. des Hauses ist hierzu in 16 Abschnitte unterteilt, deren ideale Belegung im Folgenden aufgeführt wird.

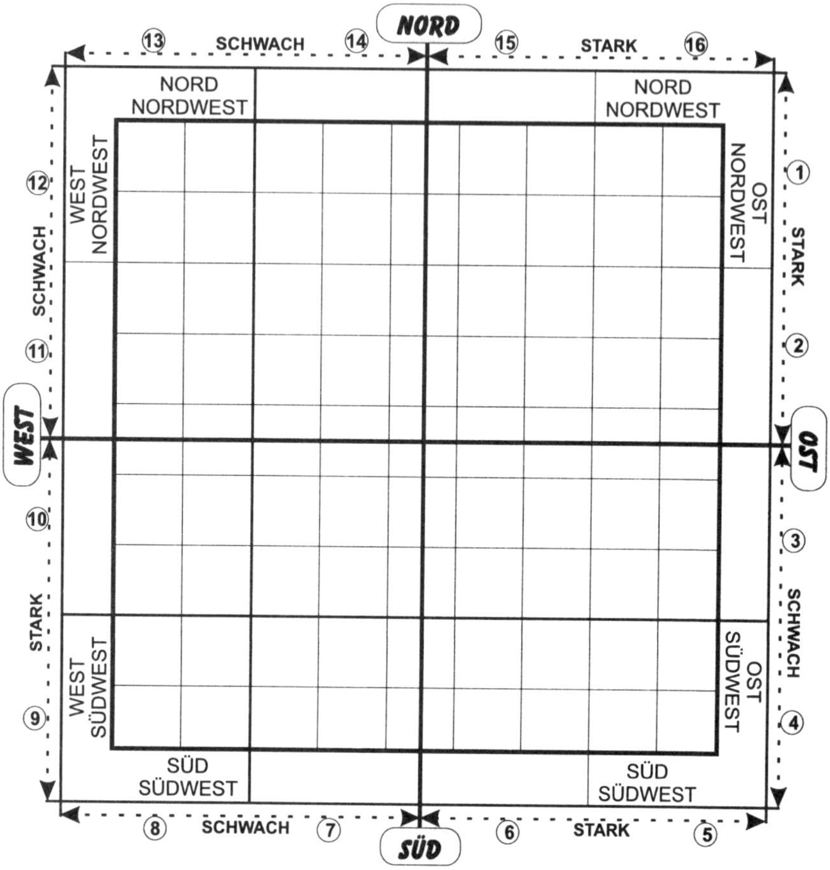

Vastu auf einen Blick

1) Brunnen, Wasserwanne, Altar, Tor, Tür, Keller, Veranda, Wohnzimmer, Salon und Vorbau.

2) Brunnen, Wasserwanne, Altar, Abwassertank, Bad, Tor, Tür, Keller und Pflanzen.

3) Abwassertank, Speisezimmer, Lager, Bad, Altar, kleine Pflanzen.

4) Küche, Boiler, Treppen, Bäder, Bäume.

Vom Plan zum Haus

NORD

SCHWACH ⑭ ⑮ STARK

⑬ ⑯

NORD NORDWEST NORD NORDWEST

OST NORDWEST

WEST NORDWEST

⑫ ① STARK

SCHWACH

⑪ ②

WEST OST

⑩ ③

STARK SCHWACH

OST SÜDWEST

WEST SÜDWEST

⑨ ④

SÜD SÜDWEST SÜD SÜDWEST

⑧ SCHWACH ⑦ ⑥ STARK ⑤

SÜD

74

5) Küche, Tor, Tür, Salon, Wohnzimmer, Büro, Vorbau und Bäume.

6) Tür, Tor, Schlafzimmer, Speisezimmer, Salon, Lager, Treppen, Toiletten, Bäume.

7) Schlafzimmer, Toilette, Lager, Treppe, Lebensmittellagerung, Bäume.

8) Schlafzimmer, Lager, Büro, Treppen, Wassertank, große Bäume.

9) Schlafzimmer, Büro, Maschinen, Wassertank, Treppen, hohe Bäume.

10) Schlafzimmer, Lager, Toilette, Treppen, Bäume.

11) Tür, Tor, Salon, Wohnzimmer, Speisezimmer, Toilette, Treppen und Bäume.

12) Tür, Tor, Salon, Speisezimmer, Wohnzimmer, Toilette, Schlafzimmer, Viehstall, Lebensmittelkammer, Küche und Vorbau.

13) Küche, Wohnzimmer, Toilette, Schlafzimmer, Treppen und Pflanzen.

14) Schlafzimmer für Kinder, Speisezimmer, Wohnzimmer, Studierzimmer, Toilette, Abwassertank und Pflanzen.

15) Tür, Tor, Abwassertank, Wasserwanne, Salon, Wohnzimmer, Altar, Keller, Pflanzen.

16) Tür, Tor, Brunnen, Wasserwanne, Veranda, Altar, Wohnzimmer, Salon, Vorbau und Keller.

Der Haupteingang

Für die Plazierung des Haupteinganges des Hauses werden im Vastu ebenfalls die Planeteneinflüsse berücksichtigt. Das folgende Diagramm zeigt, welche Planeten die einzelnen Bereiche eines Gebäudes beeinflussen.

NW — Norden — NO

Ketu	Rahu	Saturn	Venus	Jupiter	Merkur	Mars	Mond	Sonne
Rahu								Mond
Saturn								Mars
Venus								Merkur
Jupiter								Jupiter
Merkur								Venus
Mars								Saturn
Mond								Rahu
Sonne	Mond	Mars	Merkur	Jupiter	Venus	Saturn	Rahu	Ketu

Westen (links) — Osten (rechts)

SW — Süden — SO

Die Planeteneinflüsse auf den Eingang des Hauses

Auswirkungen der unterschiedlichen Positionen des Haupteingangs:

Norden:
Nordost: finanzieller Gewinn
Nordwesten: Instabilität

Osten:
Nordosten: Erleuchtung
Südosten: Hindernisse

Süden:
Südosten: Verbesserung (wenn es eine zweite Tür im Norden oder Osten gibt)
Südwesten: Finanzielle Probleme

Westen:
Nordwesten: Erfolg
Südwesten: Finanzielle Verluste

Im Allgemeinen heißt es, man sollte den Haupteingang in den Einflußbereich von Jupiter, Venus oder Merkur legen, während andere Autoren hier feiner differenzieren. Gouru Tirupati Reddy empfiehlt, den Eingang nicht in den Bereich Jupiters zu legen, wenn er sich auf der östlichen Seite befindet. Im Westen sollte er sich auf keinen Fall im Bereich des Planeten Mars befinden. Im Süden empfiehl er den Bereich des Merkurs und im Norden den des Jupiters. Hat das Haus nur einen Eingang, so wird ein Eingang im Norden oder Osten bevorzugt. Der Süden sollte als Ort für den Haupteingang vermieden werden. Besitzt ein Haus zwei Eingänge, werden auch der Norden und Osten empfohlen. Ein Haupteingang im Osten kann von einem zweiten Eingang im Westen oder Süden begleitet werden. Besitzt ein Haus Eingänge in drei Richtungen, so sollte niemals der Osten ausgespart werden. Häuser mit Eingängen in allen vier Himmelsrichtungen gelten als sehr glückverheißend. Auf jeden Fall sollte es vermieden werden, den Haupteingang in die Mitte einer Gebäudeseite zu legen.

Die Küche

Die Küche ist einer der wichtigsten Räume im Haus. Auf der einen Seite verbringen die Köche des Hauses einen großen Teil ihrer Zeit dort, und auf der anderen Seite hängt die Gesundheit und Vitalität aller anderen Bewohner des Hauses von dem ab, was in der Küche Tag für Tag, Mahlzeit für Mahlzeit gekocht wird. In der vedischen Kultur ist die Küche ein Ort höchster Reinheit. Man betritt sie nur in reinem Zustand mit sauberer Kleidung. Das Kochen wird als ein heiliger Vorgang angesehen, da die Gerichte Gott aus Dankbarkeit dargebracht werden. In diesem Bewußtsein werden die Mahlzeiten mit Liebe und Hingabe gekocht und beeinflussen das Bewußtsein all derer, die sie später zu sich nehmen.

In der Küche sollten schwere Dinge, wie der Kühlschrank, die Mühle, Schränke usw. im Süden und Westen aufgestellt werden.

In der Küche findet ein ständiges Wechselspiel zwischen den beiden Elementen Wasser und Feuer statt, wobei das Feuerelement das aktive Prinzip darstellt. Daher sollte sich die Küche am besten im Südosten des Hauses befinden, der von Agni, dem Gott des Feuers beherrscht wird. Alle anderen Möglichkeiten, die Küche zu plazieren, sind schlechter. Die zweite Wahl wäre der Nordwesten, doch auf keinen Fall sollte sie sich im Nordosten, Norden, Südwesten, Süden oder im Zentrum des Hauses befinden. Sie sollte sich auch nicht unterhalb von Betten oder Toiletten befinden. Diese Regeln sind deshalb von besonderer Wichtigkeit, da die Küche durch die intensive Nutzung des Feuerelements viele Gefahren für alle Bewohner des Hauses birgt.

Die Küche sollte sich nicht im Nordosten des Hauses befinden.

Falls die Küche nicht im Südosten des Hauses eingerichtet werden kann, so sollte zumindest die Kochstelle im Südosten der jeweiligen Küche eingerichtet werden. Sie sollte jedoch nicht die östliche Wand der Küche berühren.

Die Küche sollte sich nicht neben oder vor einer Toilette befinden.

Auch innerhalb einer Küche, die sich im Südosten befindet, ist die südöstliche Ecke am besten für eine Kochstelle geeignet, die jedoch die Wände nicht berühren sollte. Der Abstand des Herds zu den Wänden sollte zumindest 3 bis 8 cm betragen. Elektrische Geräte, die zum Kochen verwendet werden, sollten sich im Anschluß an die Kochstelle an der südlichen Wand der Küche befinden. Der Koch oder die Köchin sollte beim Kochen in östliche Richtung schauen. Dies kann leicht erreicht werden, indem der Herd in der südöstlichen Richtung parallel zur östlichen Wand aufgestellt wird. Die andere Möglichkeit besteht darin, daß die kochende Person in Richtung Süden schaut, wenn der Herd parallel zur südlichen Wand aufgestellt wird. Auf keinen Fall sollte Richtung Norden oder Westen gekocht werden. Oberhalb des Herdes sollte kein Schrank oder Regal angebracht sein. Das ist auf der einen Seite sicherer und gibt auf der anderen Seite der feurigen Energie des Kochens freie Bahn, sich im Raum zu bewegen. Auch Dunstabzugshauben über dem Herd stören den Fluß der Energie und sollten eher durch eine ausreichende Lüftung durch Fenster ersetzt werden. Die Fenster sollten sich im Osten oder Westen der Küche befinden, können jedoch auch durch Abzugslöcher mit Ventilator ersetzt werden. Zwei Fenster an entgegengesetzten Wänden der Küche erleichtern das Durchströmen der Luft. Der Eingang sollte im Osten, Norden oder Westen, jedoch nicht in einer Ecke der Küche sein. Der Gasherd sollte sich nicht direkt gegenüber der Haupteingangstür der Küche befinden.

Die Köche sollten beim Kochen Richtung Osten schauen. Das ist für die Gesundheit förderlich.

Das Waschbecken sollte sich in der nordöstlichen Ecke der Küche befinden, der Himmelsrichtung, die für alle Arten von Wasserbehältern am idealsten ist. Im Süden oder Westen sollte das Getreide, die Gewürze und ähnliches in Behältern gelagert werden, während der Kühlschrank im Nordwesten aufgestellt werden sollte. Im Nordosten sollte er nicht stehen, und wenn er

im Südwesten aufgestellt wird, sollte er ca. 30 cm von der Wand entfernt stehen, da es sonst zu Störungen kommen mag. Die Farbe der Wände und des Bodens sollte nicht weiß oder schwarz, sondern eher gelb, orange, braun oder rot sein.

Nach vedischer Tradition wird nicht in der Küche gegessen. Es ist besser, einen gesonderten Raum zum Essen einzurichten oder im Wohnzimmer oder einem anderen geeigneten Raum die Mahlzeiten zu sich zu nehmen. Falls es jedoch einen Eßtisch in der Küche geben soll, so wird er am besten in deren Westen aufgestellt.

Gefäße, in denen Trinkwasser aufbewahrt wird, spielen in Indien eine große Rolle, da das Wasser häufig aus Brunnen geholt wird. Da die Qualität des Trinkwassers, das wir hierzulande der Leitung entnehmen, immer schlechter wird, gehen mehr und mehr Menschen auch in Europa wieder dazu über, Wasser zum Trinken und Kochen aus Quellen zu holen oder mit geeigneten Anlagen zu energetisieren und reaktivieren. Gefäße, in denen das Wasser zum Trinken oder Kochen aufbewahrt wird, sollten nicht ausschließlich im Nordosten stehen. Man bewahrt sie am besten im Osten oder Norden auf und stellt sie direkt auf den Boden. Sie sollten nicht auf einer erhöhten Plattform oder in einem Schrank untergebracht werden. Falls ein solches Gefäß im Südwesten aufgestellt werden soll, kann eine erhöhte Plattform errichtet werden.

Abwasser sollte die Küche Richtung Norden und Osten von einer erhöhten Stelle aus verlassen. Es sollte niemals Richtung Südosten, Süden oder Westen fließen.

Die folgende Zeichnung skizziert den Plan einer idealen Küchenaufteilung im Einklang mit den hier zusammengefaßten Regeln und Gesetzmäßigkeiten:

Es sollte möglichst nicht mit elektrischem Strom oder mit elektromagnetischer Strahlung gekocht werden. Am besten kocht man mit Holz oder Gas. Die Nahrung nimmt die Schwingungen der Hitzequelle auf und verändert dementsprechend ihre Struktur.

Zum Kochen eignen sich Ton- und Keramiktöpfe am besten. Edelstahltöpfe sind ebenfalls gut. Aluminiumtöpfe sollten vermieden werden.

Die vedische Küche ist vegetarisch. Das Essen von Fleisch, Fisch und Eiern wird vermieden, um die Gewalt gegen andere Lebewesen auf ein Minimum zu reduzieren. Die Nahrung beeinflußt das Bewußtsein wesentlich. Vegetarier leben gesünder und schaffen sich durch ihre Essgewohnheiten kein schlechtes Karma.

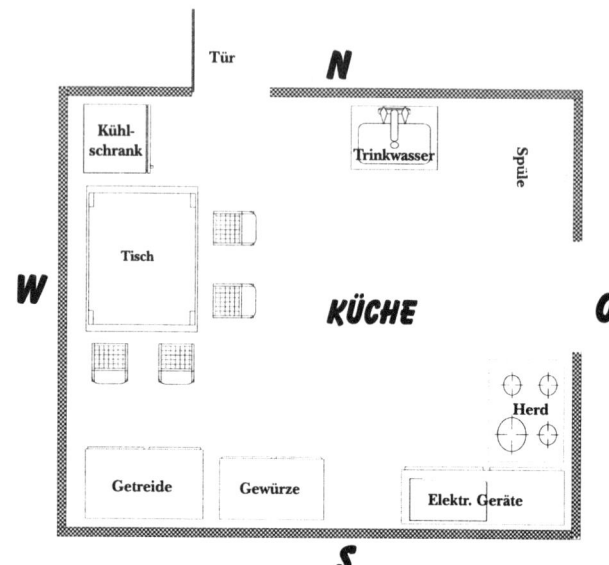

Beispiel einer Kücheneinrichtung

Der Speiseraum

Wie bereits erwähnt, sollte außerhalb der Küche gespeist werden, um die Reinheit der Küche optimal zu gewährleisten. Der Speiseraum sollte sich westlich von der Küche befinden und wird dem Vastu Cakra entsprechend idealerweise im Westen des Gebäudes eingerichtet. Falls der Westen hierfür nicht zur Verfügung steht, kann auch der Norden oder Osten für diesen Zweck genutzt werden. Es wird empfohlen, die Küche und den Speiseraum in der gleichen Etage einzurichten, damit das Essen nicht über die Treppe transportiert werden muß. Diese Regel hat offensichtliche praktische und auch energetische Gründe.

In der vedischen Kultur kommt der Nahrungsaufnahme eine große Bedeutung zu. Die Nahrung wird vom Koch zubereitet, ohne abzuschmecken. Das klingt sehr schwierig, ist jedoch für einen erfahrenen Koch

leicht zu bewerkstelligen. Der Grund dafür besteht darin, daß die Nahrung nicht für die eigene Befriedigung zubereitet wird, sondern nach ihrer Fertigstellung Gott als Opfergabe dargebracht werden sollte. Auf diese Weise wird die Speise geheiligt und wird eine besonders wohltuende und förderliche Wirkung auf die Menschen ausüben, die sie essen. Diese Nahrung wird als Prasadam bezeichnet, was Gnade oder Barmherzigkeit bedeutet. Man nimmt diese Nahrung in einer Haltung der Dankbarkeit zu sich und ist sich darüber bewußt, daß Nahrung etwas Heiliges ist und seinen Ursprung in der Großzügigkeit Gottes hat. Somit kommt sowohl dem Kochen als auch dem Essen eine spirituelle Bedeutung zu.

Beim Essen schaut man am besten in Richtung Osten oder Westen.

Beim Essen sollte man vorzugsweise in Richtung Osten schauen, doch auch der Norden und Westen kommen als Blickrichtungen in Frage. Lediglich der Süden sollte vermieden werden, da sonst leicht Streitereien entstehen. Die Tür des Speiseraumes sollte nicht im Süden und auch nicht direkt gegenüber der Eingangstür des Hauses liegen. In Indien sitzt man noch heute gerne mit überkreuzten Beinen auf dem Boden, wenn man Nahrung zu sich nimmt. Ißt man an einem Tisch, so sollte dieser weder rund noch oval sein, sondern rechteckige oder quadratische Form besitzen. Er sollte frei im Raum stehen, und somit nicht an eine der Wände angrenzen. Das Wasser zum Trinken sollte in der nordöstlichen Ecke des Raumes aufbewahrt werden, der Himmelsrichtung, die die Energie und Reinheit des Wassers im Einklang mit der Bewegung der Sonne fördert. Wasser ist ein solch sensibles Medium, daß es feinste Informationen und Energien aus der Umgebung aufnehmen und auf den menschlichen Organismus übertragen kann. Das Waschbecken sollte sich im Osten oder Norden befinden, während die nordöstliche, südöstliche und südwestliche Ecke zu vermeiden sind.

Nach dem Ayurveda sollte man nach dem Essen nichts trinken, um das Verdauungsfeuer nicht zu löschen. Rohe Früchte und Gemüse sollten getrennt gegessen werden. Ein vollständiges vedisches Menü enthält alle sechs Geschmacksrichtungen: Süß, sauer, scharf, zusammenziehend, bitter und salzig.

Der Ayurveda ordnet jedem Menschen seiner individuellen Konstitution entsprechend seine ideale Nahrung zu. Prinzipiell werden drei Konstitutionstypen voneinander unterschieden, die mit den Elementen in Zusammenhang stehen:
Kapha - Erde und Wasser,
Pitta - Feuer,
Vata - Luft und Äther.

Eine Toilette sollte nicht direkt an den Speiseraum angrenzen, um eine wechselseitige Beeinflussung der ab- und aufbauenden Energien zu vermeiden. Die Wände sollten in hellen Farben gehalten werden. Ein leichtes Blau, Gelb, Orange oder eine leichte grüne Färbung sind zu empfehlen. Es wird ebenfalls empfohlen, Bilder im Speisesaal aufzuhängen, die die Natur abbilden und eine freudvolle entspannte Atmosphäre schaffen. Der Ort der Nahrungsaufnahme sollte niemals durch Streß, die Probleme des Alltags, Streitereien oder Gespräche über Tagespolitik und Geld belastet werden.

All diese Einflüsse fänden durch die Nahrung Einlaß in das Bewußtsein und verminderten den positiven Einfluß des Essens. Der Ayurveda empfiehlt, das Essen in Stille zu sich zu nehmen und auf keinen Fall schwerwiegende Themen beim Essen zu besprechen. Leichte Musik kann die Entspannung fördern und für die Verdauung von Nutzen sein. Man sollte es auch möglichst vermeiden, beim Essen aufzustehen, da der Körper damit das Signal bekommt, daß die Nahrungsaufnahme abgeschlossen ist und die Verdauung beginnen kann. Setzt man dann das Essen trotzdem fort, kann die Nahrung nicht mehr richtig verdaut werden. Aus diesem Grunde sollte man am besten keine Telefone in der Reichweite des Speiseraums oder gar im Speiseraum haben. Am besten stellt man den Anrufbeantworter auf Empfang.

Der Speicherraum für Nahrungsmittel und Getreide

Im Idealfall befindet sich der Speicherraum für Nahrungsmittel nördlich vom Speisesaal in der nordwestlichen Ecke des Hauses.

In dieser Himmelsrichtung können sich auch Ställe für die Tiere und Schlafplätze für die Haustiere befin-

den. Diese Ecke sollte nicht geschlossen sein, sondern Öffnungen nach Außen besitzen. Man sollte den Nordwesten jedoch nicht zum Lagern für schwere Gegenstände und ungewolltes Gerümpel verwenden. Diese Dinge sollten vorzugsweise im Südwesten oder Süden untergebracht werden, um sie vor allem von den aufbauenden Dingen wie dem reinen Wasser und den Nahrungsmitteln zu trennen.

Die Lagerkammer sollte keine Tür in südwestlicher Richtung besitzen und im Idealfall jeweils ein Fenster in westlicher und in östlicher Richtung aufweisen. Als Farbe der Wände kommen vor allem weiß, blau oder gelb in Frage, und Schränke sollten in den westlichen und südlichen Bereich der Lagerkammer gestellt werden.

In Indien ist es üblich, an der östlichen Wand ein Bild von Lakshmi Narayana aufzuhängen. Narayana ist ein Name Gottes und Lakshmi ist die Göttin des Glücks und des Reichtums, die immer an Narayanas oder Gottes Seite zu finden ist. Damit möchte man sicherstellen, daß die Lagerkammer stets mit Getreide und anderen Schätzen gefüllt ist.

Vorräte, die für das ganze Jahr angelegt werden, sollten im Südwesten gelagert werden, während die täglichen Vorräte davon getrennt im Nordwesten aufzubewahren sind. Hiermit wird dem Prinzip entsprochen, daß schwere Dinge, wie der Jahresvorrat, im Südwesten gelagert werden sollten und leichte Dinge im Nordwesten. Einige Vastu-Experten vertreten die Ansicht, daß die Jahresvorräte im Südwesten des Gebäudes zu lagern sind, wenn sie sich nicht im Keller befinden.

Um die für die Frische der Nahrung notwendige Präsenz des Wasserelementes zu gewährleisten, sollte im Nordosten des Lagerraumes ein Gefäß mit reinem Wasser aufgestellt werden und man sollte darauf achten, daß dieses Gefäß niemals leer ist.

Die Vorräte für den täglichen Gebrauch sollten im Nordwesten und die Jahresvorräte im Südwesten der Vorratskammer gelagert werden.
Brennbare Lebensmittel wie Öle und Butter sollten im Südosten aufbewahrt werden.
Im Nordosten sollte ein Gefäß mit frischem Wasser stehen.

Lebensmittel und andere Dinge, die mit dem Element Feuer verbunden sind, sollten in Agnis Ecke des Raumes, dem Südosten, aufbewahrt werden. Hierzu gehören Ghee (geklärte Butter), Butter, Öle, Gasflaschen und andere Brennstoffe. Es ist zu vermeiden, daß sich Gefäße im Lagerraum vollständig leeren. Sie sollten immer wieder aufgefüllt werden.

Die Gefäße oder Behälter im Lagerraum sollten sich niemals vollständig leeren. Dadurch würde der Fluß der Energien unterbrochen.

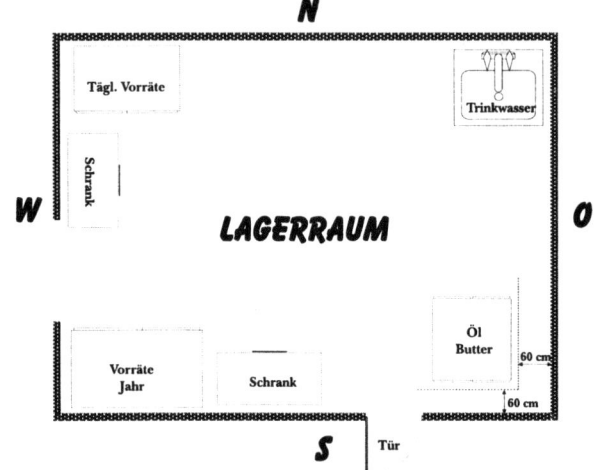

Skizze einer beispielhaften Lagerkammer

Das Studierzimmer

Ebenfalls im Westen, wie der Speisesaal, sollte sich das Studierzimmer befinden. In der vedischen Kultur war es üblich, ein solches Zimmer zu haben, in dem Wissen kultiviert wird und die Schriften studiert werden.

Der Westen eignet sich vor allem aufgrund positiver Planeteneinflüsse gut für intellektuelle Tätigkeiten, da dort die Gehirnfunktionen angeregt werden. Das Studierzimmer sollte sich jedoch nicht in der nordwestlichen oder südwestlichen Ecke des Hauses befinden. Im Westen erfährt man die positiven Einflüsse des Merkurs, der die Gehirnfunktionen fördert, des Jupiters, der den Ehrgeiz und die Neugierde fördert, des Mon-

des, der die Kreativität steigert und der Venus, die sich positiv auf die Talente auswirkt. Im Westen tragen Schreiben und Reden besonders gute Früchte. Der Studierende sollte immer in Richtung Osten oder Norden blicken, wobei auch der Nordosten geeignet ist, um Wissen und Erfolg im Studium zu erlangen. Man sollte seine Bücher weder im Nordwesten, noch im Südwesten aufstellen. Bücher im Nordwesten sind zu leicht und werden leicht gestohlen oder gehen verloren. Praktisch gesehen werden solche Bücher häufig entliehen und kommen dann nie wieder zurück. Das hat jedoch letztlich den gleichen Effekt wie Diebstahl oder Verlust. Bücher im Südwesten sind zu schwer und laufen daher Gefahr, niemals gelesen zu werden. Am besten teilt man seine Bücher in zwei Teile auf und plaziert sie in zwei kleinen Schränken im Norden und Osten oder im Westen. Auch im Studierzimmer ist es förderlich, im Nordosten einen Wassertopf aufzubewahren. Die Eingänge sollten im Nordosten, im Norden oder im Westen liegen, während die Fenster im Osten, Westen und Norden von Nutzen sind. Als Farbe für die Wände eignen sich Himmelblau, ein leichtes Grün oder Weiß. Es sollte möglichst keine Toilette an das Studierzimmer angrenzen, während ein Bad von Vorteil sein könnte.

Beim Studieren oder Lesen sollte man am besten in Richtung Osten schauen.

Man sollte eine Uhr im Norden, Westen oder Osten aufhängen.

Es ist von großem Vorteil, wenn ein solches Zimmer ausschließlich zur Meditation und zum Studium spiritueller Literatur reserviert wird. Es ist in der heutigen Zeit immer sehr schwierig, die Zeit zu finden, seinen Geist auf spirituelle Themen zu richten und sich dabei nicht von Störungen und weltlichen Pflichten ablenken zu lassen. Daher ist ein geschützter Raum für diese Tätigkeiten sehr sinnvoll und mag helfen, dem spirituellen Aspekt einen größeren Raum im Leben zu geben. Sobald ein Telefon, Steuererklärungen oder Tageszeitungen im Studierzimmer zu finden sind, läßt sich ver-

muten, daß die Konzentration auf spirituelle Themen nicht mehr sehr stark ist.

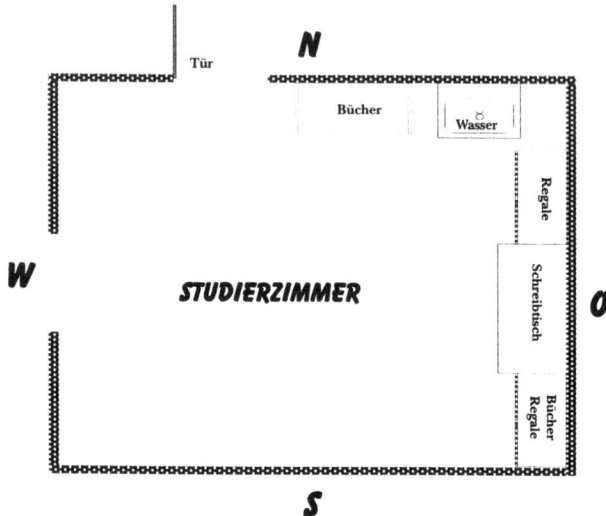

Skizze eines Studierzimmers

Die Schlafzimmer

Der Westen eignet sich ebenfalls sehr gut für die Plazierung der Schlafräume, wobei im Vastu die Qualität der Schlafräume unterteilt wird in: Schlafräume für Kinder, Erwachsene, den Herrn des Hauses und Gäste. Da man im Allgemeinen mehr Zeit im Schlafzimmer als in jedem anderen Raum verbringt, sollte gerade dessen Lage sehr sorgsam geplant werden.

Im Westen sollte sich das Schlafzimmer der Kinder befinden, es kann aber auch im Nordosten situiert sein, der sich als Schlafplatz für die älteren Bewohner des Hauses nicht eignet.

Der Südwesten eignet sich hervorragend als Schlafzimmer für das Familienoberhaupt. Hat das Gebäude mehr als eine Etage, sollte das Familienoberhaupt sein Schlafzimmer im obersten Stockwerk in südwestlicher

Richtung haben. Der Südwesten eignet sich auch als Schlafraum für erwachsene verheiratete Kinder, sollte jedoch niemals den jüngeren Kindern zur Verfügung gestellt werden. Sonst mag es zu unnötigen Streitereien und Unstimmigkeiten im Haus kommen. Im Allgemeinen schlafen die ältesten Bewohner des Hauses im Südwesten, und die jüngeren in westlichen Räumen.

Der Süden ist der ideale Ort für Schlafzimmer. Kinder bevorzugen zum Schlafen den Westen des Hauses.

Der Südosten sollte nicht als Schlafzimmer für Ehepaare dienen, da dadurch ebenfalls Streit hervorgerufen werden kann. Der Nordosten eignet sich im Allgemeinen nicht als Schlafzimmer. Auch sollte sich ein Schlafzimmer nicht in der Mitte des Gebäudes befinden. Die folgende Tabelle gibt Aufschluß über die Wirkung von Schlafzimmern in den acht Himmelsrichtungen:

Richtung	*Wirkung*
Nordosten	Emotionale Störungen, Krankheit (Nur für junge Kinder geeignet, wenn überhaupt)
Osten	Schlechte Gesundheit; völlig ungeeignet für Kinder
Südosten	Zorn und Streitereien
Süden	Gute Gesundheit
Nordwesten	Streit (nur für Gäste geeignet)
Westen	Gut für Kinder und Jugendliche
Südwesten	Gut für die älteren Bewohner
Norden	Unruhe und finanzielle Verluste

Kinder sollten nicht im Osten des Hauses schlafen.

Die Decke der Schlafzimmer sollte keine Neigung haben, sondern parallel zum Fußboden verlaufen. Die Wände können in einem leichten Rose, Grau, dunklen

Gäste werden am besten im Nordwesten des Hauses untergebracht und sollten mit dem Kopf in Richtung Westen schlafen.

Der Südwesten ist nur für die älteren Bewohner des Hauses als Schlafzimmer geeignet.

Blau, Braun, dunklen Grün oder ähnlichen Farben gestrichen werden.

Das Bett sollte so aufgestellt werden, daß auf allen Seiten Platz ist, um sich zu bewegen. Es sollte auf keinen Fall die nördliche oder östliche Wand berühren, kann aber an die südliche oder westliche Wand angrenzen, wenn man mit dem Kopf in Richtung Süden bzw. Westen schläft. Befindet sich das Schlafzimmer im Südwesten, so sollten im Südwesten dieses Zimmers schwere Gegenstände gestellt werden. Das Bett könnte beispielsweise in dieser Ecke plaziert werden. Falls das Gebäude nicht parallel zu den Haupthimmelsrichtungen ausgerichtet ist, sondern diese in den Ecken des Hauses liegen, sollte man sein Bett nicht parallel zu den Wänden aufstellen, sondern auf solche Weise, daß man mit dem Kopf in östliche Richtung liegen und schlafen kann.

Im Südwesten oder Westen ist ein Bücherregal von Vorteil, während der Tisch zum Ankleiden im Osten oder Norden aufgestellt werden sollte. Im Westen oder Osten kann sich auch ein Tisch zum Lesen und Arbeiten befinden. Elektrische Geräte, die mit dem Feuerelement verbunden sind, wie Fernseher, elektrischer Heizer u.ä. sollten im Südosten des Schlafzimmers aufgestellt werden, während der Kleiderschrank am besten im Nordwesten oder Südwesten zum Stehen kommt.

Die Tür des Schlafzimmers sollte nicht im Süden gelegen sein. Im Norden oder Osten kann sich ein kleines Fenster befinden. Die südwestliche Ecke des Zimmers sollte nicht freigelassen werden. Es ist praktisch und gut, eine Toilette und ein Badezimmer mit dem Schlafzimmer zu verbinden. Diese befinden sich am besten in westlicher oder nördlicher Richtung.

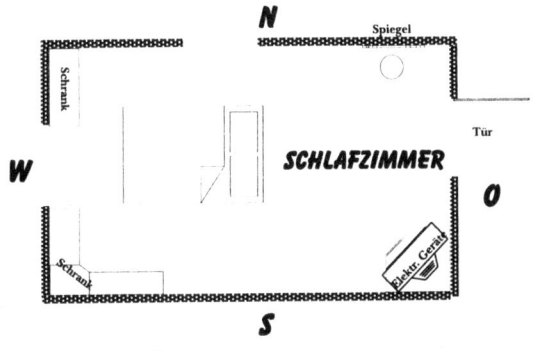

Skizze eines Schlafzimmers

Das Bett sollte sich, ebenso wie der Eßtisch, nicht unter Deckenträgern befinden.

Von großer Bedeutung ist die Richtung, in der der Kopf beim Schlafen liegt. Die magnetische Achse des Körpers hat ihren Nordpol beim Kopf und den Südpol bei den Füßen. Am besten ist es, mit dem Kopf in Richtung Osten zu schlafen. Dadurch werden Wissen, philosophisches Denken und Spiritualität gefördert, während in der umgekehrten Schlafrichtung mit dem Kopf Richtung Westen, vor allem materieller Komfort, Wohlstand und Ruhm gefördert werden. Schläft man mit dem Kopf Richtung Süden, sind ebenfalls Reichtum, Freude und Glück die Folge. Auf keinen Fall sollte man mit dem Kopf Richtung Norden schlafen. Die Folge wären gestörter Schlaf, Krankheiten und Alpträume. Die folgende Tabelle faßt den Einfluß der Himmelsrichtungen auf den Schlaf zusammen:

Man sollte es vermeiden, mit dem Kopf in Richtung Norden zu schlafen.

Kopf in Richtung	Wirkung
Osten	förderlich für Wissen und spirituelles Leben
Westen	Reichtum, Komfort und Ruhm
Süden	Freude, Glück und Reichtum
Norden	Alpträume, gestörter Schlaf und Krankheiten

Bäder und Toiletten

In der vedischen Kultur war es nicht üblich, daß sich die Toilette im Hauptgebäude befand, da man das Ziel hatte, den gesamten Wohn- und Lebensbereich möglichst rein zu halten. Die Toilette ist ein Ort, der dem gesamten Haus Lebensenergie entzieht. Diese wird buchstäblich mit dem verschmutzten Toilettenwasser den Abfluß hinuntergespült. In unseren Breitengraden und auch im heutigen Indien ist es jedoch üblich, die Toilette im Haus zu installieren. Man sollte jedoch sehr darauf achten, wo die Toilette plaziert wird, um negative Einflüsse zu vermeiden. Aus Gründen der Reinheit ist es nicht empfehlenswert, die Toilette im Badezimmer zu haben, doch falls sich das nicht vermeiden läßt, sollte sie sich im Westen oder Nordwesten des Zimmers befinden.

Die Badezimmer

Es gibt drei Arten von Bädern: Bäder, die an ein Schlafzimmer angeschlossen sind, öffentliche Bäder im Haus und Bäder, die an das Haus angrenzen, sich jedoch außerhalb befinden. Badezimmer, die an Schlafzimmer angrenzen, sollten sich im Osten oder im Norden des Schlafzimmers befinden. Öffentliche Bäder können sich im Osten oder im Norden befinden.

In Indien nehmen die meisten Menschen sehr früh morgens als erstes ein Bad. Dies dient nicht nur der körperlichen Reinheit, sondern auch der Reinigung von der Unwissenheit des Schlafes und der Träume. Das Bad sollte mit dem Gesicht in Richtung der aufgehenden Morgensonne genommen werden.

Die öffentlichen Badezimmer sollten sich am besten im Osten befinden und an die südöstliche Richtung anschließen. Auf diese Weise bekommt man beim allmorgendlichen Bad den Nutzen der Morgensonne, die im Osten aufgeht. Im Osten sollte sich daher ein Fenster befinden, das die Sonne in das Bad läßt. Der Norden eignet sich jedoch ebenfalls für ein Fenster. Ebenso sollte sich die Dusche im Osten oder Norden des Bades befinden. Nach vedischer Ansicht ist ein Vollbad in einer Badewanne nicht geeignet, um den Körper zu reini-

gen, weil man sozusagen im eigenen Dreck schwimmt. Es mag zweckmäßig sein, an das Bad einen kleinen Waschraum für Kleidung und Küchentextilien angrenzen zu lassen, der auch an die Küche angrenzt. Küchentextilien sollten aus Gründen der Reinheit nicht im Bad oder gar im Toilettenraum gewaschen werden. Das Waschbecken sollte wie die Dusche im Nordosten des Bades angebracht sein, kann sich aber auch im Norden oder Osten befinden. Das Abwasser sollte nicht in den Richtungen Südost und Südwest abfließen. Daher ist es sinnvoll, den Boden des Bades mit einer leichten Neigung in Richtung Osten oder Norden zu versehen. Elektrische Geräte wie Heizer, Föhn, Boiler und Waschmaschine sollten im Südosten zu finden sein. Ist ein Extraraum zum Wechseln der Kleidung vorgesehen, so sollte er sich im Westen oder Süden befinden.

Spiegel und Türen sollten sich nicht in südlicher Richtung befinden, sondern am besten im Osten oder Norden. Schmutzwäsche sollte im Nordwesten aufbewahrt werden. Die Farbe der Wände sollte weiß, leicht blau, himmelblau sein oder irgendeine andere helle und freundliche Farbe.

Das Abwasser sollte in Richtung Norden oder Osten aus dem Bad abfließen. Daher ist eine Neigung des Fußbodens in diese Richtungen zu empfehlen.

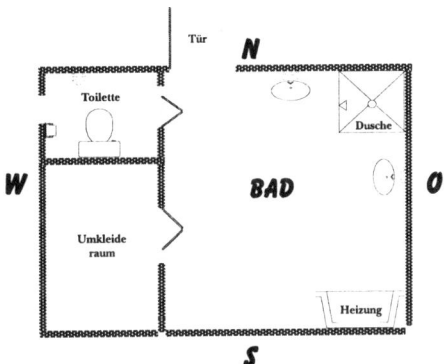

Skizze eines Bades mit angrenzender Toilette und Umkleideraum

Toiletten

Auf der Toilette sollte man nicht in Richtung der Sonne schauen. Daher sollte sie in Richtung Norden oder Süden angebracht werden.

Befindet sich die Toilette im Gebäude, sollte sie sich nicht im Zentrum, im Nordosten, Südosten oder Südwesten befinden. Einige Vastu-Experten vertreten die Ansicht, daß sie sich generell nicht im Westen und Osten befinden dürfe, um der Sonne gegenüber nicht respektlos zu sein. Damit kämen nur der Norden und Süden in Frage. Befindet sich die Toilette außerhalb des Hauses, sollte sie im Norden oder Süden gebaut werden, und falls sie im Nordwesten liegt, muß Abstand zu den Begrenzungsmauern des Grundstücks gehalten werden. In all diesen Fällen sollte sich im Süden keine Grube für das Toilettenabwasser befinden. Der beste Ort für eine solche Grube wäre der zentrale Norden. Die Toiletten sollten so gebaut werden, daß sie mit der Blickrichtung Norden oder Süden benutzt werden können. Es ist von Vorteil, wenn die Toilette 30 bis 60 cm höher liegt als der Fußboden. Die Tür sollte sich im Norden oder Osten befinden. Der Wasserspeicher und die Wasserhähne in der Toilette sollten sich im Nordosten, Norden oder Osten, aber niemals in südöstlicher oder südwestlicher Richtung befinden. Das Gefälle des Toilettenbodens, sollte sich ebenso wie der Abfluß des

Die Waschbecken installiert man am besten an den nördlichen und östlichen Wänden der Räume.

Schmutzwassers in nördlicher oder östlicher Richtung befinden. Auf jeden Fall sollte ein kleines Fenster in westlicher, östlicher oder nördlicher Richtung vorhanden sein.

Das Abwasser der Toilette wird in unseren Breitengraden im Allgemeinen der Kanalisation zugeführt. Dieses sollte am besten Richtung Norden oder Osten geschehen. Klärgruben oder Abwassergruben sind kaum noch in Gebrauch. Eine solche Grube sollte sich unter keinen Umständen in den Richtungen Nordost, Südost oder Südwest befinden. Auch die Haupthimmelsrichtungen sind ungünstig. Am besten wird ein solcher Abwassertank im Westen oder Norden der

nordwestlichen Richtung errichtet, ohne jedoch die Begrenzungsmauer des Grundstücks zu berühren. Der Ausgang des Abwassertanks sollte in nördlicher oder westlicher Richtung liegen.

Alle Spiegel sollten ebenfalls im Norden oder Osten ange-bracht werden.

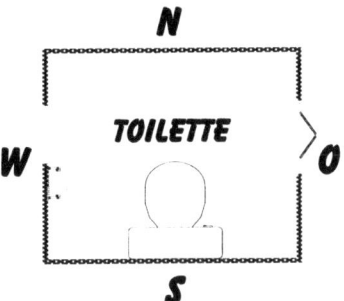

Skizze einer Toilette nach Vastu

Das Wohnzimmer

Das Wohnzimmer sollte sich im Norden oder Osten des Hauses befinden, wobei die östliche Richtung dem Norden vorzuziehen ist. Es ist weiterhin eine wichtige Regel des Vastu, daß die nördlichen Räume des Hauses größer sein sollten als die südlichen und dafür eine ge-ringere Höhe aufweisen sollten (ca. 30-90 cm). Die Tür des Wohnzimmers sollte sich im Westen oder Osten befinden, wobei die südöstliche und südwestliche Ecke zu vermeiden sind.

Schwere Gegenstände wie Schränke und Regale sind idealerweise im Westen, Süden oder Südwesten aufzustellen. Falls im Osten oder Norden Möbel aufge-stellt werden, sollten sie nicht direkt mit dem Boden in Kontakt stehen, sondern 2 bis 8 cm über dem Boden beginnen. Sie sollten leicht und hohl sein. Weiterhin wird eine quadratische oder rechteckige Form bevor-zugt. Man sollte also weitestgehend auf runde, ovale und unregelmäßig geformte Möbel verzichten.

In der vedischen Zeit gab es wahrscheinlich noch keine Fernseher. Im modernen Vastu wird jedoch auch

Man sollte es vermeiden, im Wohnzimmer oder Studierzimmer schwere Möbel oder Sitzgarnituren im Nordosten aufzustellen. Falls sich dieses nicht umgehen läßt, sollten sie zumindest 20 cm Abstand von der Wand haben.

Fotos von Vorfahren sollten in der südwestlichen Ecke des Raumes aufgehängt werden.

Die Sitzecke sollte sich ebenso wie andere schwere Möbelstücke im Südwesten befinden.

dieses Thema auf der Grundlage allgemeiner Prinzipien behandelt. Ein Fernseher sollte nicht in nordöstlicher oder südwestlicher Richtung aufgestellt werden, sondern im Südosten. Wenn es sich im Nordwesten befindet, besteht die Gefahr, daß er ständig läuft und somit eine Unmenge von Zeit verschlingt. Falls er im Südwesten steht, sind ständige Störungen und Defekte zu erwarten. Ebenso sind für das Telefon der Nordwesten und der Südwesten ungünstige Plätze. Vorteilhafter wären der Osten, der Norden oder der Südosten. Religiöse Bilder oder Bilder eines Wasserfalls sind in der nordöstlichen Ecke aufzuhängen, während unglückverheißende oder traurige Bilder im Wohnzimmer am besten zu vermeiden sind. Die Wände sollten nicht in rot oder schwarz gestrichen werden, sondern eher in lichten Tönen. Im Zentrum des Raumes ist das Aufhängen einer schwere Lampe zu vermeiden, da Brahmas Platz in der Mitte nicht durch schwere Gewichte belastet werden sollten. Das entspricht auch der Regel des Feng Shui, daß das Zentrum des Raumes und des Hauses das Zentrum der Lebenskraft darstellt, die von dort aus in alle anderen Bereiche des Raumes oder in die anderen Zimmer des Hauses strömt. Dieser Freiraum im Zentrum des Raumes dient der Dynamik und Vitalität und sollte nicht verstellt werden. Schwere Lampen sind daher aus dem Zentrum heraus in Richtung Westen zu versetzen.

Der Altarraum

Traditionell findet man in jedem vedischen Haushalt einen Raum der Verehrung Gottes. Dieser Ort heißt Pujaghar und sollte sich im Nordosten des Hauses befinden, der Himmelsrichtung, die Gott zugeordnet wird. Der Norden und der Osten eignen sich ebenfalls für diesen Zweck, doch sollte der Süden dafür nicht gewählt werden. Der ideale Ort für den Altar sind der

Osten oder Westen dieses Raumes, so daß die Betrachter des Altars bei ihren Gebeten in Richtung Osten bzw. Westen schauen. Der Raum sollte Fenster in nördlicher und östlicher Richtung und eine Lichtquelle in der südöstlichen Ecke besitzen. Agnihotras oder Feuerzeremonien führt man am besten im Südosten aus, wobei der Ausführende Richtung Osten schaut. Schränke sollten sich an der westlichen oder südlichen Wand befinden, wobei darauf zu achten ist, daß nicht unnötigerweise schwere Gegenstände in diesen Raum gebracht werden. Man sollte im Altarraum keine Wertgegenstände verstecken und auch keinen Safe direkt vor dem Altar installieren. Viele Westeuropäer werden die Notwendigkeit für einen solchen Raum nicht einsehen. Sie sollten jedoch darauf achten, daß der Nordosten des Hauses trotzdem auf respektvolle Weise benutzt wird.

Elektrische Geräte funktionieren am sichersten im Südosten des Raumes.

Auch im Wohnzimmer sollte man im Nordosten mehr Platz lassen, als in den anderen Richtungen.

Die Abstellkammer

Der geeignete Platz für die Abstellkammer bzw. den Geräteschuppen ist die südwestliche Ecke des freien Raumes um das Hauptgebäude herum. Falls dieses nicht möglich ist, so sollte ein solcher Raum im Südwesten des Hauptgebäudes eingerichtet werden und so klein wie möglich sein. Schwere Metallgegenstände und Werkzeuge sollten in diesem Raum gelagert werden, wobei man strikt darauf zu achten hat, daß sich kein Wasser darin befindet. Auch sollte er frei von Wasserleitungen sein und keine feuchten Wände besitzen. Je schwerer der Raum ist, desto besser. Insbesondere die südwestliche Ecke der Abstellkammer sollte nicht freigelassen werden. Die negativen Kräfte und Energien konzentrieren sich in der südwestlichen Ecke des Grundstücks und des Hauses. Daher ist es unbedingt notwendig, diesen Bereich abzuschließen, indem er mit schweren Gegenständen belegt und bebaut wird.

Kranke befinden sich am besten im Südwesten oder im Nordwesten des Hauses.

Medikamente und Erste-Hilfe-Ausrüstungen sollten im Nordosten des Hauses aufbewahrt werden, um einen maximalen Effekt zu erzielen.

Rohmaterialien, Gerümpel, schwere Gegenstände, Gartengeräte usw. sollten im Südwesten gelagert werden.

Der Südwesten ist die einzige Himmelsrichtung die vollständig geschlossen werden sollte. Eine schwere Säule im Südwesten des Gebäudes, die sich vom Keller bis über das Dach erstreckt, erfüllt diesen Zweck am besten.
Auf der Säule kann Garuda plaziert werden.

Er sollte nicht unterkellert werden und in einer dunklen Farbe wie dunkelgrau oder blau gestrichen werden. Die anderen Ecken des Grundstückes sollten nicht geschlossen werden. Schließt man in solcher Weise den offenen Raum um das Gebäude in den anderen Himmelsrichtungen ab, kann sich ein ernsthaftes Ungleichgewicht einstellen. Die drei verbleibenden Ecken sind den Elementen Wasser (Nordosten), Feuer (Südosten) und Luft (Nordwesten) zugeordnet. Diese Elemente sind lebenswichtig und werden gestört, wenn der freie Raum in den ihnen entsprechenden Ecken zugebaut wird, indem man beispielsweise direkt an die Grundstücksbegrenzungen baut oder Gebäude direkt an die Begrenzungsmaueren anschließt, die damit zu Teilen der Gebäudemauern werden. Das Element Wasser residiert im Nordosten und bedarf des freien Raumes in dieser Richtung. Es absorbiert die unsichtbaren ultravioletten Strahlen der Sonne und stellt sie somit in gespeicherter Form dem Menschen zur Verfügung. Trinkt er solchermaßen angereichertes energetisiertes Wasser, werden seine Zellen mit Biophotonen dieses wichtigen Spektralbereichs des Lichtes versorgt. Die südöstliche Ecke des Grundstücks sollte ebenfalls freien Raum beherbergen und nicht verbaut werden. Es ist die Ecke des Feuers, das mit dem infraroten Aspekt des Sonnenlichts verbunden ist. Auf keinen Fall sollte das dem Feuerelement entgegenstehende Wasserelement in diesen Bereich kommen. Der südöstliche Bereich eignet sich lediglich für elektrische Installationen, Boiler und gewisse handwerkliche Tätigkeiten, die vom Feuerelement unterstützt werden. Diesbezügliche Gebäude sollten aber mindestens im Abstand von 60 bis 90 cm von der Grundstücksgrenze entfernt stehen. Auch der Nordwesten sollte offen sein, um dem Wind und Luftelement Zugang zu dem Grundstück zu gewähren. Schließt man diese Ecke ab, mag sich das sehr negativ auf die Geschäfte auswirken. Auch in dieser

Richtung sollten Gebäude mindestens 60 bis 90 cm Abstand von den Mauern haben.

Die Abstellkammer sollte keine Türen in südöstlicher, nordöstlicher und südlicher Richtung haben. Die Tür sollte niedriger sein als die anderen Türen des Gebäudes. Auf Fenster ist zu verzichten. Höchstens in westlicher Richtung ist ein Fenster möglich. Sie ist der geeignete Ort, um Müll und andere Dinge zu lagern, die nicht mehr gebraucht werden.

Im Südwesten des Hauses sollten sich kein Wasser, keine Feuchtigkeit und keine Wasserinstallationen befinden.

Der Safe

Heutzutage ist es nicht mehr üblich, große Schätze und viel Geld im Haus aufzubewahren. Die meisten Menschen bringen ihr Geld zur Bank und besitzen nicht genug Gold und Juwelen, um eine eigene Schatzkammer dafür einrichten zu müssen. Trotzdem sollte der Frage, wo der Safe und andere Wertgegenstände zu plazieren sind, große Aufmerksamkeit beigemessen werden. Nach dem Vastu herrscht im Norden des Hauses Kuvera, der Schatzmeister der Halbgötter, und somit ist der Norden der beste Platz für den Safe und andere Wertgegenstände. Innerhalb dieses nördlichen Raumes sollte der Safe auf der südlichen Seite 2,5 cm von der Wand entfernt angebracht werden, wobei die südöstliche und südwestliche Ecke zu vermeiden sind. Seine Vorderseite sollte Richtung Norden weisen. Türen in östlicher und nördlicher Richtung sind sehr glückverheißend, doch sollte der Safe nicht direkt vor der nördlichen Tür stehen. Auf keinen Fall sollte dieser Raum Türen im Südosten, Südwesten, Nordwesten oder im Süden besitzen. Im Norden oder Osten des Raumes sollte sich in großer Höhe ein kleines Fenster befinden, und er sollte nicht niedriger sein als die anderen Räume. Seine Form ist vorzugsweise quadratisch oder rechteckig.

Position des Safes	Wirkung
Nordosten	Verlust des Reichtums
Südosten	unnötige Ausgaben
Südwesten	plötzlicher Verlust des Geldes oder Diebstahl
Nordwesten	enorme Ausgaben
Norden	ideal

Der Safe sollte im Norden des Hauses untergebracht werden und sich am besten Richtung Norden öffnen. Ist dies aus Platzgründen nicht möglich, kann die Öffnung des Safes auch in Richtung Osten liegen.

Der Safe sollte auf einem Sockel stehen und nicht direkt auf dem Boden. Sein Untergrund sollte eben und fest sein. Im Safe selbst sollten keine Kleidungsstücke oder andere Utensilien aufbewahrt werden. Gold, Silber und andere Wertgegenstände plaziert man am besten im südlichen Teil des Safes.

Veranda

Am besten eignen sich die östliche und nördliche Richtung des Gebäudes für eine Veranda, die als eine Art Schutz für die reinen Bereiche des Hauses im Osten und Norden wirken kann. Die Veranda sollte etwas tiefer liegen als der Fußboden des Hauses und rechtekkige Form haben. Für eine Sitzecke eignet sich vor allem der Süden und der Westen der Veranda, während Schaukeln (wie z.B. eine Hollywoodschaukel) in Richtung Westen/Osten schwingen sollte. Ist die Veranda überdacht, so sollte das Dach etwas niedriger sein, als das Dach des Hauptgebäudes. Es ist von Vorteil, wenn es in nördlicher oder östlicher Richtung abfällt. Pflanzen auf der Veranda sollten keine allzu großen Töpfe besitzen. Auch sollten sich keine Kletterpflanzen auf der Veranda befinden.

Für ein Vordach eignet sich am besten der Norden und Osten. Die südwestliche Ecke sollte auf jeden Fall

ausgespart werden, während in südlicher Richtung der Südosten in Frage kommt. Das Dach des Vorbaus im Norden oder Osten sollte 60 cm niedriger sein als das Hauptgebäude. Ein Gefälle Richtung Norden ist sehr gut. Für den Vorbau sollten helle Farben wie weiß oder gelb verwendet werden. Dunkle Farben sind zu vermeiden.

Verandas und Balkone sollten sich im Norden oder Osten des Hauses befinden. Ihr Boden sollte etwas niedriger sein, als der des Gebäudes. Das gleiche gilt für ihr Dach.

Treppen

Besitzt das Gebäude mehrere Stockwerke oder einen Keller, bedarf es Treppen. Sie können sich innerhalb oder außerhalb des Gebäudes befinden. Im Gebäude sollten Treppen niemals im Nordosten liegen. Sie sollten nicht die östlichen Wände berühren und zumindest einen Abstand von 7,5 cm zu den Wänden haben. Die Stufen sollten von Osten in Richtung Westen bzw. von Norden Richtung Süden aufsteigen. Wenn das Treppenhaus Türen besitzt, sollte die obere Tür 22,5 bis 2,5 cm kürzer als die unterste Tür sein. Weiterhin ist es ungünstig eine gemeinsame Treppe Richtung Keller und Richtung der oberen Geschosse zu haben. Die Anzahl der Stufen sollte ungerade sein. Es ist nicht empfohlen, die Treppen in der Mitte des Hauses zu konstruieren, und sie sollten auch nicht vom Lagerraum, der Küche oder dem Altarzimmer ausgehen. Die Wände des Treppenhauses sollten in hellen Farben gehalten werden. Von außen sollten Treppen von Süden, Westen oder der südwestlichen Ecke auf das Haus zugehen.

Treppen befinden sich am besten im Südwestteil des Hauses.

Die Treppenstufen sollten keine abgerundete Form besitzen, sondern eckig sein. Falls eine spiralige Treppe geplant ist, sollte diese für Häuser, die Richtung Osten oder Westen weisen, am besten im Südsüdosten und für Häuser, die Richtung Norden oder Süden weisen, im Westnordwesten liegen. Auf keinen Fall sollte eine solche Wendeltreppe im Nordosten gebaut werden.

Generell gilt, daß sich die Treppen im Gebäude am besten so weit wie möglich im Süden bzw. im Südwesten befinden sollten, jedoch auf keinen Fall im Nordosten.

Die Anzahl der Stufen sollte ungerade sein.

Türen und Fenster

Die Anordnung der Türen und Fenster ist im Vastu von großer Bedeutung. In alten Zeiten legte man viel Wert darauf, zwei Fenster auf beiden Seiten des Haupteingangs zu haben, doch heutzutage sind die meisten Häuser zu klein dazu.

Generell sollte die Gesamtanzahl der Türen eines Hauses ebenso wie die der Fenster gerade sein, jedoch nicht mit einer Null enden. Eine Tür sollte doppelt oder dreimal so hoch wie breit sein.

Besitzt ein Raum eine Tür im Osten im starken Bereich, so sollte ein Fenster Richtung Süden eingerichtet werden. Zu einer Tür im starken Südsüdosten paßt ein Fenster Richtung Westen und zu einer Tür im starken Nordnordwesten paßt ein Fenster in südlicher Richtung. Befindet sich eine Tür im starken Norden, ist ein Fenster an der westlichen Seite günstig.

Tore und Türen sollten nicht in der Mitte einer Wand plaziert werden, es sei denn, es ließ sich nicht vermeiden, eine Tür im Süden zu plazieren. Eine solche Tür sollte sich in der Mitte der Wand befinden.

Wenn ein Raum eine Tür in südlicher Südost-Richtung besitzt, sollte sich auch im Norden eine Tür befinden und am besten kein Fenster im Raum. Auf ähnliche Weise sollte eine Tür im starken Westen von einer Tür Richtung Osten begleitet werden. Eine Tür im Nordnordosten sollte durch eine Tür im Südosten des Raumes kompensiert werden. Ist das nicht möglich, sollte zumindest ein Fenster in dieser Richtung angebracht werden. Die Türen sollten grundsätzlich an starken Orten konstruiert werden, ansonsten gibt es für die Anzahl von Fenstern und Türen keine strengen Regeln. Generell ist es vorteilhaft, wenn jeder Tür ein Fenster auf der entgegengesetzten Seite des Raumes gegenübergestellt wird, falls sich dort keine weitere

Es sollte möglichst viele Türen geben, die in Richtung Norden und Osten geöffnet werden.

Tür befindet. Wenn es sich nicht einrichten läßt, daß sich zwei Türen gegenüberliegen, sollten sich Fenster in den verbleibenden Richtungen befinden. Fenster in der Mitte der Wände sind hierbei empfohlen, während sich in Ostsüdost, Südsüdwest, Westsüdwest und Nordnordwest keine Fenster befinden sollten.

In den höheren Etagen sollte die Anzahl der Türen und Fenster geringer sein, als im Erdgeschoß.

Besitzt ein Haus den Haupteingang im Westen, so schreibt der Vastu auch eine östliche Tür vor. Ebenso sollte der Haupteingang im Süden von einer nördlichen Tür begleitet werden.

Weist das Haus in östliche Richtung, sollte der Eingang in der nördlichen Hälfte des südlichsten Raumes angebracht werden. Ein Haus, das Richtung Westen weist, sollte den Eingang in der nördlichen Hälfte des westlichsten Raumes besitzen. Weist das Haus Richtung Norden, so sollte sich der Eingang in der östlichen Hälfte des nördlichsten Zimmers befinden. Ein Haus, das in den Süden gerichtet ist, sollte einen Eingang in die östliche Hälfte des südlichsten Raumes haben. Es gilt die allgemeine Regel, daß Türen in der östlichen und nördlichen Hälfte des Hauses ebenso groß oder kleiner und schmaler als die Türen im westlichen und südlichen Teil des Hauses sein sollten.

Auch die Anzahl der Eingänge eines Hauses ist bedeutsam. Hat ein Haus nur eine Tür, so sollte sie sich im Norden oder im Osten befinden. Häuser, die Richtung Süden weisen, sollten keine einzelne Tür besitzen. Wenn genau zwei Türen vorgesehen sind, sollten sie im Osten und Süden, Osten und Westen oder Osten und Norden plaziert werden, aber nicht im Süden und Westen. Auch die Kombinationen Süden und Norden, Süden und Osten, Westen und Norden und Westen und Osten sind akzeptabel.

Türen an einander gegenüberliegenden Wänden sollten nicht auf einer geraden Linie liegen.

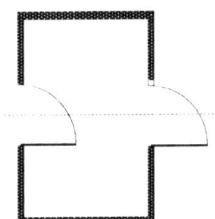

Besitzt ein Haus drei Türen, sollte der Süden oder der Westen ausgespart werden, wobei sich jeweils Türen in allen anderen Himmelsrichtungen befinden. Ansonsten gilt die Anzahl drei in dieser Hinsicht nicht als

Die anderen Türen sollten nicht größer als die Haupttür sein.

Die Küche sollte ein Fenster im Osten haben.

Türen in den höheren Etagen sollten mit denen im Erdgeschoß übereinstimmen.

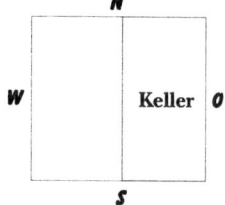

vorteilhaft. Den Norden auszusparen und Türen in allen anderen Richtungen zu plazieren gilt nicht als gut. Der Raum im Südwesten sollte in keinem Fall drei Türen besitzen. Vier Türen in allen vier Himmelsrichtungen gilt als vorteilhaft, während der südwestliche Raum keine vier Türen haben sollte.

Der Eingang eines Hauses wird mit dem Mund eines menschlichen Gesichts verglichen. Ein Gesicht besitzt ein Paar Augen, eine Nase und einen Mund, und ebenso sollte der Haupteingang, als Mund des Hauses, Fenster auf beiden Seiten besitzen, die die Augen des Hauses repräsentieren. Außerdem sollte die Tür mit einer Türschwelle und einem Türrahmen versehen sein, die den Lippen entsprechen. Die Türschwelle beschützt das Haus vor Gefahren, Krankheiten und ebnet den Weg für Wohlstand und Glück.

Das Obergeschoß

Falls das Gebäude zwei Stockwerke besitzt, sollte das Obergeschoß nur in südwestlicher Richtung gebaut werden, so daß der östliche und nördliche Teil offen bleibt. Balkons sollten auf der östlichen oder südlichen Seite liegen. Im ersten Geschoß sollten sich nur die Schlaf- und Studierzimmer der älteren Bewohner des Hauses befinden und keine Müll- oder Lagerräume. In der nordöstlichen Ecke des ersten Stocks sollte nicht gebaut werden, und die Höhe der Räume sollte die des Erdgeschosses nicht übersteigen. Ein leichtes Gefälle des Fußbodens und des Daches in nördlicher und östlicher Richtung des ersten Obergeschosses wird empfohlen. Die Räume des ersten Stocks sollten Türen und Fenster im Osten und Norden besitzen, wobei ein großes Fenster in nordwestlicher Richtung sehr nutzbringend ist. Das Regenwasser sollte im Norden, Osten oder Nordosten des Obergeschosses abfließen. Das Obergeschoß sollte in südlicher und südwestlicher

Richtung keinen Balkon besitzen. Zumindest die südwestliche Ecke sollte ausgespart werden. Für Balkons sollte keine schwarze Farbe verwendet werden, und sie sollten auch keine abgerundeten Ecken besitzen.

Keller

Der südliche oder westliche Teil des Hauses sollten nicht unterkellert sein. Ist dies der Fall, sollten die südlichen und westlichen Keller nur als Lagerräume verwendet werden. Keller im Osten und Norden sind gut, und ebenso ist die nordöstliche Ecke sehr vorteilhaft. Wasserspeicher sollten in der nordöstlichen Ecke des nordöstlichen Kellers aufgestellt werden. Der südwestliche Teil des Kellers ist ein Ort, an dem negative Kräfte wirksam sind. Wasser sollte dort auf keinen Fall gelagert werden. Es ist nicht gut, wenn das ganze Gebäude unterkellert ist. In einem solchen Fall sollten im Südwesten schwere Gegenstände gelagert werden, während der Norden und Osten vorwiegend genutzt werden können. Helle Farben, vor allem weiß, werden für die Kellerwände sehr empfohlen.

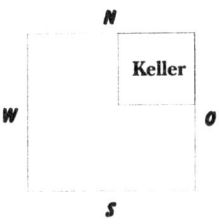

Das Zentrum des Vastu

Das Zentrum oder die Mitte des Hauses sind von großer Bedeutung. Dort residiert der Weltenschöpfer Brahma, der auch über die Gottheiten der einzelnen Himmelsrichtungen herrscht. Das Zentrum sollte daher nicht direkt bebaut werden, sondern als Freiraum für Licht und Luft dienen. Im Feng Shui stellt es das Zentrum der Lebenskraft dar und wird als Tai Chi bezeichnet. An dieser Stelle sollten sich auf keinen Fall Toiletten, eine Küche, eine Rumpelkammer oder Schlafräume befinden. Falls man diesen Raum nicht unbebaut lassen kann, so kann man dort den Speiseraum, das Wohnzimmer, einen großzügigen Flur

Der Keller sollte sich im Norden, Osten oder Nordosten des Gebäudes befinden, jedoch nicht im Süden, Westen oder Südwesten. Ein Keller, der nur in den Ecken des Gebäudes liegt, ist ebenfalls nicht gut, mit Ausnahme des Nordostens.

oder einfach einen Raum situieren, der zu den umliegenden Räumen hinführt.

Dem Vastu entsprechend sollte das Zentrum mit einem Dach ausgestattet werden, das genügend Öffnungen für Licht und Luft läßt und sich ca. 60 cm über dem Dach des Hauses befindet. Eine pyramidale Dachstruktur im Zentrum des Hauses wäre ideal, doch zumindest in östlicher und nördlicher Richtung sollte das Dach ein Gefälle besitzen. Die Wände um das Zentrum herum sollten in einem schlichten weiß gehalten werden.

Der Garten und der offene Raum um das Gebäude herum

Bei der Planung des Grundstücks ist unbedingt darauf zu achten, daß im Norden und Osten des Hauses mehr freier Raum gelassen wird als im Süden und Westen. Auf diese Weise nutzt man die Sonnenstrahlung aus nördlicher und östlicher Richtung optimal. Swimmingpools, Brunnen, Springbrunnen, Wassertanks und Teiche sollten ebenfalls im Norden oder Osten angelegt werden. Der freie Platz im Norden und Osten eignet sich am besten für den Garten. Möchte man dort Bänke aufstellen, so sollten sie sich in westlicher und südlicher Richtung befinden und Richtung Osten und Norden gerichtet sein.

Ein Raum, der unterhalb der Erde liegt und keine Gebäudeteile über sich hat, eignet sich sehr gut für Meditation und spirituelle Praxis.

Große Bäume sollten sich nicht innerhalb des Grundstücks befinden, da ihre Wurzeln dem Gebäude gefährlich werden könnten. Sie absorbieren die unsichtbare Kraft des Sonnenlichts, so daß die positiven Effekte dieser Strahlen nicht dem Gebäude zugute kommen. Aus diesem Grunde sollten sich vor allem im Norden und Osten keine höheren Bäume befinden, da sie die vorteilhaften Sonnenstrahlen blockieren würden. Bäume im Süden und Westen sind akzeptabel, doch sollten große Bäume gleichmäßig über diese bei-

den Himmelsrichtungen verteilt werden, damit die Balance des Hauses gewahrt bleibt. In der nordöstlichen Ecke des Hauses sollten sich weder große noch kleine Bäume befinden. Nach dem Vastu verbreiten dornige Pflanzen und Kakteen mit Ausnahme von Rosen negative Einflüsse und sollten daher nicht auf dem Grundstück angepflanzt werden. Kletterpflanzen sollten nicht an der nördlichen oder östlichen Grundstücksmauer gesetzt werden. Sie sollten sich nur im Garten befinden. Direkt vor dem Haupteingang des Gebäudes sollte ebenfalls kein Baum gepflanzt werden. Zwischen 9.00 Uhr und 15.00 Uhr sollte möglichst wenig Schatten von Bäumen auf das Gebäude fallen. Blumen sollten vor allem im Westen, Nordwesten und Osten aber nicht in der südöstlichen, südwestlichen und nordöstlichen Ecke gepflanzt werden. Muß man einen Baum aus gewichtigen Gründen fällen, sollte man dieses dem Baum am Vortage mitteilen. Man kann ihm folgendes sagen: »Aufgrund unvermeidbarer Umstände bin ich nun gezwungen, dich von diesem Ort zu entfernen. Vergib mir bitte. Ich werde an einem geeigneten Ort zur geeigneten Zeit einen Baum deiner Art einpflanzen.« Gleichzeitig sollte man ihm Wasser darbringen. Innerhalb von drei Monaten sollte man dann irgendwo einen Baum der gleichen Art einpflanzen, den man für zumindest drei Tage bewässert. Auf diese Weise erfüllt man diesem Lebewesen gegenüber seine Pflicht.

Die Anzahl der Bäume auf dem Grundstück sollte gerade sein, und sie sollten sich vor allem im Süden und Westen des Hauses befinden. Schwere Skulpturen und Pavillions sollten im Südwesten des Gartens plaziert werden.

Parkplatz

Es ist nicht gut, einen Parkplatz im Nordosten oder Südwesten des Gebäudes einzurichten. Am besten eignet sich die nordwestliche Richtung. Befindet sich die Garage oder der Parkplatz im Südwesten, sind ständige Probleme und Reparaturen des Fahrzeuges zu erwarten, während in der südöstlichen Richtung ebenfalls

Falls der Garten bzw. das Grundstück um das Haus herum eine sehr unregelmäßige Form besitzt, sollte der Hauptteil des Grundstücks mit Hilfe von Zäunen in eine regelmäßige Form (Quadrat, Rechteck) gebracht werden. Diese Korrekturmöglichkeit sollte auch angewandt werden, wenn sich im Süden oder Westen mehr Land befindet als im Norden und Osten.

Das Muladhara-Cakra (Wurzelcakra) ist mit dem Steißbeingeflecht verbunden und wird der Farbe Rot zugeordnet. Sein Element ist die Erde.

kleinere Reparaturen zu befürchten sind. So weit es geht, sollten die Fahrzeuge Richtung Norden oder Osten, jedoch nicht Richtung Süden geparkt werden.

Farben im Haus

Eine praktische Anwendung der Astrologie im Vastu finden wir bei der Auswahl der Wandfarben. Vastu-Kenner vertreten diesbezüglich zwei unterschiedliche Auffassungen. Die eine Gruppe bestimmt die Farben, in denen die Zimmer des Hauses gestrichen werden sollten, entsprechend der Sternzeichen der jeweiligen Bewohner, während die andere Gruppe die Farben bevorzugt, die den Planeten zugeordnet sind, welche die einzelnen Himmelsrichtungen beherrschen. Die folgende Tabelle ordnet den Sternkreiszeichen die ihnen entsprechenden Farben zu:

Sternkreiszeichen	Vorgeschlagene Farben
Widder	korallrot
Stier	weiß wie Milch
Zwillinge	grün
Krebs	rose, weiß wie Perlen
Löwe	dunkelweiß, rubinrot
Jungfrau	verschiedene Farben, verschiedene Grüntöne
Waage	Zementfarben, weiß wie Milch
Skorpion	korallrot, pink
Schütze	golden, gelb
Steinbock	dunkelrot, grau
Wassermann	blau, pink oder grau
Fische	gelb, strahlendes weiß

Das Svadishthana-Cakra (Milzcakra) ist mit dem Milzgeflecht verbunden und wird der Farbe Orange zugeordnet.

Die nächste Tabelle ordnet den Himmelsrichtungen die Farbe zu, die dem beherrschenden Planeten entspricht:

Richtung	vorgeschlagene Farbe
Osten (Sonne)	leuchtendes weiß
Westen (Saturn)	blau
Norden (Merkur)	alle Arten von grün
Süden (Mars)	korallrot, pink
Nordosten (Jupiter)	goldgelb
Südwesten (Rahu)	alle Arten von grün
Südosten (Venus)	silbriges weiß
Nordwesten (Mond)	weiß, helles gelb

Das Manipura-Cakra (Nabelcakra) ist mit dem Sonnengeflecht verbunden und wird der Farbe Gelb zugeordnet. Sein Element ist das Feuer.

Farben üben auf den Menschen eine starke Wirkung aus. Die moderne Medizin hat nachgewiesen, daß Farben die Organfunktionen des Menschen nachhaltig beeinflussen können. Nicht bloß die Augen sind für Farben empfindlich, sondern auch die Haut kann Licht verschiedener Farben unterscheiden, das auf sie trifft. Vielerorts werden Farben deshalb zur Behandlung von physischen und psychischen Krankheiten verwendet, und es werden nennenswerte Erfolge damit erzielt. Farben beeinflussen insbesondere die verschiedenen Nervengeflechte des Körpers und damit auch die mit ihnen verbundenen Cakras.

Das Anahata-Cakra (Herzcakra) ist mit dem Herzgeflecht verbunden und wird der Farbe Grün zugeordnet. Sein Element ist die Luft.

Die rote Farbe empfiehlt sich beispielsweise, um den Blutdruck zu heben, als Appetitanreger oder um eine Familienatmosphäre zu kreieren. Blau eignet sich gut, um der Tendenz entgegenzuwirken, zuviel zu essen. Für Patienten, die an zu hohem Blutdruck leiden, empfehlen sich helle Farben. Die Farbe Grün wirkt sehr positiv in Operationssälen und Behandlungszimmern von Ärzten. Im Speisezimmer und in der Küche

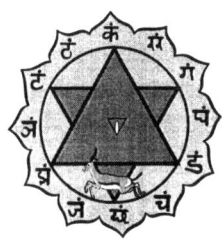

Das Vishuddha-Cakra (Halzcakra) ist mit dem Kehlkopfgeflecht verbunden und wird der Farbe Blau zugeordnet. Sein Element ist der Äther.

Das Ajna-Cakra (Stirncakra) ist mit dem Halsschlag-adergeflecht verbunden und wird der Farbe Indigo zugeordnet. Sein Element ist das Wasser.

können goldgelb oder grün einen positiven Einfluß auf die Qualität der gesunden Nahrung ausüben.

Die richtige Arrangierung von Farben kann die Wohnqualität entscheidend beeinflussen. Man sollte viel Zeit und Sorgfalt auf die Auswahl der Farbkombinationen verwenden und sich nicht davor scheuen, Farben zu mischen und abzutönen. Beispielsweise kann ein grünliches Blau mit weiß oder weißgrau gemischt eine schöne Wandfarbe ergeben. Gegen diese Hintergrundfarbe kann Orange als Komplementärfarbe gesetzt werden, was sich hervorragend mit braunen Möbeln verträgt. Auf diese Weise sind der kreativen Phantasie keine Grenzen gesetzt. Es sollten jedoch immer die Gesetzmäßigkeiten beachtet werden, die die Wirkung der Farben auf die menschliche Physis und Psyche bestimmen.

Ein Schlafzimmer ist ein Ort der Ruhe, und daher sollten auch die verwendeten Farben weichen und ruhigen Charakter haben. Ein Wohnraum kann hingegen dynamischer und mit kräftigeren Farben gestaltet werden. Zimmer für Babys sollten mit strahlenden Farben gestrichen werden, da diese von kleinen Kindern am besten wahrgenommen werden. Die Lichtverhältnisse spielen bei der Wahl der Wandfarben eine große Rolle. Räume, die wenig Tageslicht bekommen, sollten in hellen Farben gestrichen werden, während lichte Räume mit großen Fenstern ruhig dunklere Farben vertragen können. Besitzt ein Raum nur ein Fenster in Richtung Norden, welches kälteres Licht hereinläßt, sollten die Wände nicht in blau, sondern in wärmeren Tönen bemalt werden. Ein Zimmer, das der direkten Sonneneinstrahlung ausgesetzt ist, sollte nicht gelb oder orange gestrichen werden. Die Decke läßt man am besten weiß, da dadurch Licht und Wärme am besten reflektiert werden.

Zusammengefaßt können also die folgenden Kriterien zur Farbauswahl herangezogen werden: Stern-

kreiszeichen und persönliche Bedürfnisse des Bewohners oder der Bewohner, gesundheitliche Kriterien, Himmelsrichtung des Raumes, Himmelsrichtung der Fenster und die damit verbundene Qualität des einfallenden Sonnenlichts, Intensität des von außen einfallenden Lichtes, die Nutzung bzw. Funktion des jeweiligen Raumes und dekorative Kriterien und Effekte. Die wichtige symbolische Wirkung von Farben kann ebenfalls berücksichtigt werden, hängt jedoch stark vom jeweiligen Kulturkreis und der individuellen Prägung der Bewohner ab.

Das Sahasra-Cakra (Scheitelcakra) wird der Farbe violett zugeordnet.

Weitere Gebäudetypen

Die vorhergehenden Abschnitte bezogen sich vor allem auf Wohnhäuser, während im Vastu auch bezüglich der Funktion und dem generellen Charakter eines Gebäudes differenziert wird. Zusätzliche Gesetzmäßigkeiten gelten für Doppel- und Reihenhäuser, Siedlungen, Hoch- und Penthäuser. Auch für Geschäftshäuser, Hotels, Restaurants, Schulen und Bildungseinrichtungen usw. gibt es umfangreiche Vorschriften und Hinweise, die das Geschick eines solchen Projekts maßgeblich beeinflussen können.

Geschäfte sollten Straßen und Eingänge im Norden und Osten haben, um zu florieren.

Der Kunde sollte in Richtung Westen oder Süden schauen, während der Verkäufer in Richtung Osten oder Norden orientiert sein sollte.

Die Kasse sollte sich in der Nähe der südlichen Wand befinden und in Richtung Norden geöffnet werden. Befindet sie sich im Westen, sollte sie sich in Richtung Osten öffnen.

Vastu in der Praxis

Ausbau einer alten Mühle zum Seminarzentrum

Einen aufschlußreichen Einblick in die Anwendung der Vastu-Prinzipien in unseren Breitengraden gewährt der Ausbau einer alten Mühle zum Seminarzentrum. Dieses Beispiel zeigt, wie wichtige Prinzipien des Vastu zur Anwendung kommen und gute Kompromisse gefunden werden können, um Nachteile eines bereits bestehenden Gebäudes auszugleichen. Vastu wird am besten angewandt, wenn ein Haus neu gebaut wird, doch auch beim Umbau können noch wesentliche Korrekturen vorgenommen werden.

Ein Fluß im Osten, der aus dem Süden in Richtung Norden fließt, gilt als förderlich für Erfolg, Reichtum und Ruhm.

Die alte Mühle vor dem Umbau

Das Hauptgebäude besitzt eine in Richtung Norden offene U-Form, wobei dem Seminarzentrum jedoch der östliche Flügel des U's nicht zur Verfügung steht. Er wird von einer anderen Partei bewohnt. Ebenso ist das zu dem Seminarzentrum gehörende Grundstück sehr

unregelmäßig, da die nordöstliche Ecke dem Mitbewohner gehört. Diese Nachteile lassen sich nur durch den Erwerb des gesamten Gebäudes ausgleichen.

Das Anwesen weist einige sehr glückverheißende Eigenschaften auf. Im Osten fließt der alte Mühlbach aus dem Süden in Richtung Norden und biegt dann Richtung Nordost ab. Somit entspricht seine Lage der von Benares, von dem Vastu-Experten behaupten, sein Ruhm und Reichtum und seine spirituelle Bedeutung seien auf diese Faktoren zurückzuführen. Auch ist das Gefälle des Grundstücks von Süden in Richtung Norden sehr vorteilhaft.

Beim Umbau der alten Mühle wurden nur neue Baustoffe verwendet. Vastu empfiehlt, mit alten und gebrauchten Baustoffen sehr vorsichtig zu sein. Sie bringen ihre Geschichte mit.

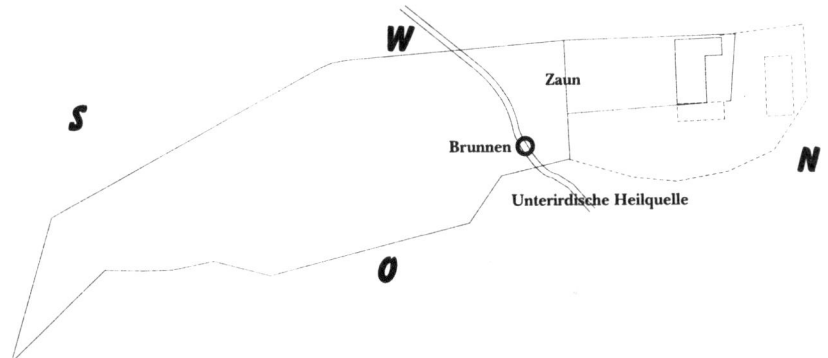

Grundstück des Seminarhauses mit Grundstück des Nachbarn im Nordosten

Nachteilig ist, daß der Nordosten des Gesamtgrundstücks, wie in der vorigen Abbildung zu sehen ist, derzeit noch dem Nachbarn gehört. Idealerweise sollte dieser Gebäude- und Grundstücksteil dem Projekt hinzugefügt werden, um vor allem die Vorteile des nordöstlichen Gebäudeteils und des nordöstlichen Teils des Grundstücks zu bekommen. Ein weiterer Nachteil besteht darin, daß sich das Grundstück sehr weit in Richtung Süden erstreckt, während der Norden sehr kurz abgeschnitten ist. Dieser Nachteil läßt sich jedoch korrigieren, indem man, wie ebenfalls in der vorigen Skizze angedeutet, den süd-

Eine hohe Säule im Südwesten des Gebäudes ist sehr glückverheißend. Auf ihr kann Garuda plaziert werden.

Bei schwerwiegenden Veränderungen im Südwesten des Gebäudes sollte der Eigentümer unbedingt anwesend sein.

lichen Teil des Grundstücks mit Hilfe eines Zaunes abtrennt. Wichtig ist hierbei, daß sich die beiden neu entstehenden Grundstücksteile in ihrer Nutzung unterscheiden. Der Südteil wird als Gartenanlage mit Park, Blumengarten und zum Anbau für Gemüse genutzt, während der Nordteil durch die Gebäude, Garagen und Parkplätze geprägt wird. Nach der Abtrennung kommt die in der Skizze für den Brunnen gekennzeichnete Stelle im nordöstlichen Bereich des Gartenareals zu liegen, welcher für Wasseranlagen ideal ist. Eine unterirdische Heilquelle, die sich hier in 40 m Tiefe befindet, kann damit optimal genutzt werden.

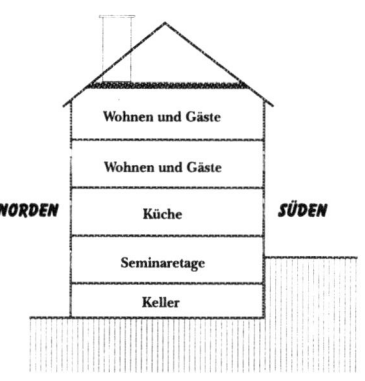

Schematischer Querschnitt des Seminarzentrums

Beim Vastu gibt es viele Korrekturmöglichkeiten, um Nachteile auszugleichen. Es ist jedoch sinnvoll, zunächst die grundlegenden Prinzipien des Vastu zu kennen. Man sollte sich bemühen, diese Prinzipien so weit es geht zur Anwendung zu bringen.

Im Südwestteil des Gartens werden kleine, schwere Skulpturen, Lauben und Pavillons aufgestellt. Das entspricht dem Prinzip, den Südwesten mit den gewichtigsten Gegenständen und Gebäudeteilen zu beschweren, um die negativen Kräfte und Wesenheiten, die im Südwesten residieren oder dort Einlaß finden, niederzuhalten. Innerhalb des Gebäudes empfiehlt es sich, in der südwestlichen Ecke eine schwere Säule zu errichten, die sich vom Keller durch alle Ebenen des Hauses hindurchzieht und ein Stück über das Dach hinausreicht. Auf der Spitze dieser Säule sollte Garuda aufgestellt werden. Auf diese Weise ist der Südwesten

erhöht und gleichzeitig beschwert. Der Nachbar besitzt bereits einen hohen Schornstein im Südwesten seines Hauses, der diese Zwecke für seinen Gebäudeteil erfüllt, während dieser Schornstein sich im Osten des Seminarzentrums befindet. Man sollte in jedem Falle versuchen, im Südwesten den höchsten und schwersten Punkt des Gebäudes und des Grundstücks zu haben. Werden im Südwesten des Gebäudes gravierende Veränderungen vorgenommen, so wirkt sich dies direkt auf den Besitzer oder Eigentümer des Projekts aus. Dieser sollte daher bei solchen Aktionen gegenwärtig sein und sich nicht auf Reisen befinden, um Unfälle oder unkontrollierte Zwischenfälle zu vermeiden.

Neben grobstofflichen Korrekturen (Zäune zur Grundstückskorrektur, Säulen im Südwesten, Verlegung des Haupteingangs, Anwinkelung der Tür usw.) gibt es eine Vielzahl feinstofflicher Korrekturmöglichkeiten, die ein erfahrener Praktiker des Vastu im Einzelfall anwendet.

Eine ungewöhnliche Eigenschaft der alten Mühle besteht in dem Gefälle des Bodens. Während im Norden das Kellergeschoß zu ebener Erde liegt, befindet sich im Süden das erste Obergeschoß zu ebener Erde. Der Haupteingang befindet sich im Süden, was dem Vastu entsprechend sehr unglückverheißend ist. Aufgrund der strengen Bauvorschriften ist es jedoch nicht so leicht möglich, den Haupteingang zu verlegen. Als Kompromißlösung wurde im nördlichen Teil des Westens ein weiterer Eingang eingerichtet, der von den Bewohnern des Projekts und auch den Gästen als Haupteingang genutzt werden wird. Der südliche Eingang wird verschlossen bleiben und nur noch dekorativen und baurechtlichen Zwecken dienen. Eine Tür, die negativen Einflüssen Einlaß gewährt, sollte besser verschlossen werden. Am besten wäre es, sie tatsächlich zuzumauern, doch das ist nicht immer möglich. Am vorteilhaftesten wäre eine Tür im Norden oder im Osten, doch wäre das im Falle dieses Hauses sehr unpraktisch. Eine Tür im Westen gilt als akzeptabel und mag zu Ruhm und Reichtum führen. Eine andere mögliche Korrektur bestünde darin, eine bereits bestehende Tür im Süden leicht anzuwinkeln, so daß sie nicht mehr direkt in Richtung Süden weist.

Verlegung des Haupteingangs aus dem Süden in den Westen, Einrichtung der Küche im Südosten, der Bäder im Westen, der Gästezimmer und der Geschäftsräume vor allem im Nordwesten, sind einige Vastu-Prinzipien, die hier zur Anwendung kamen.

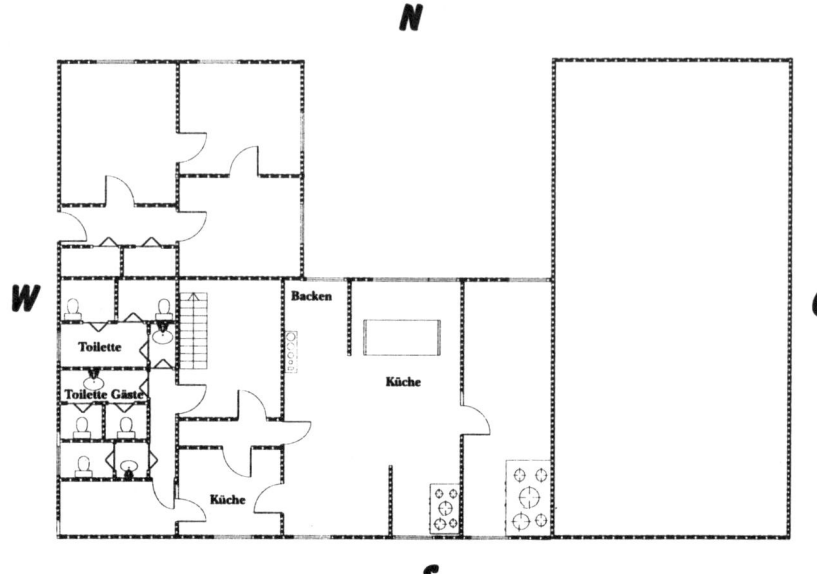

Küchenetage

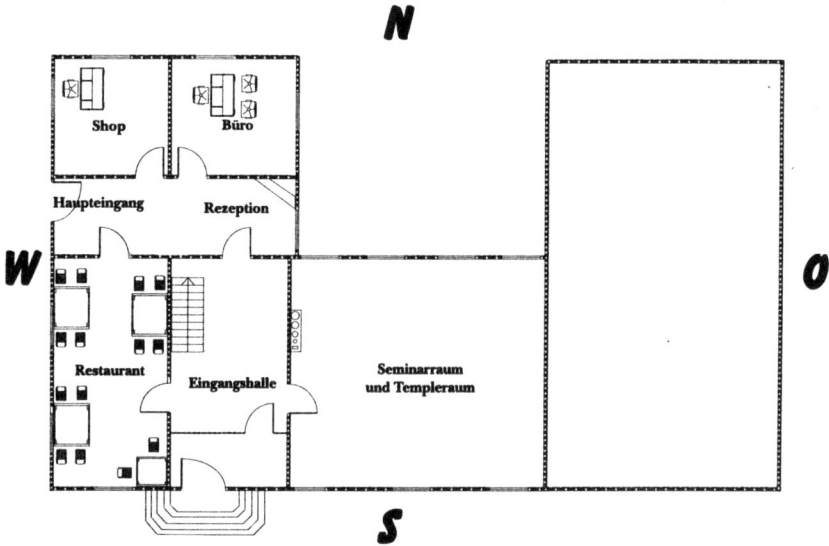

Öffentliche Etage

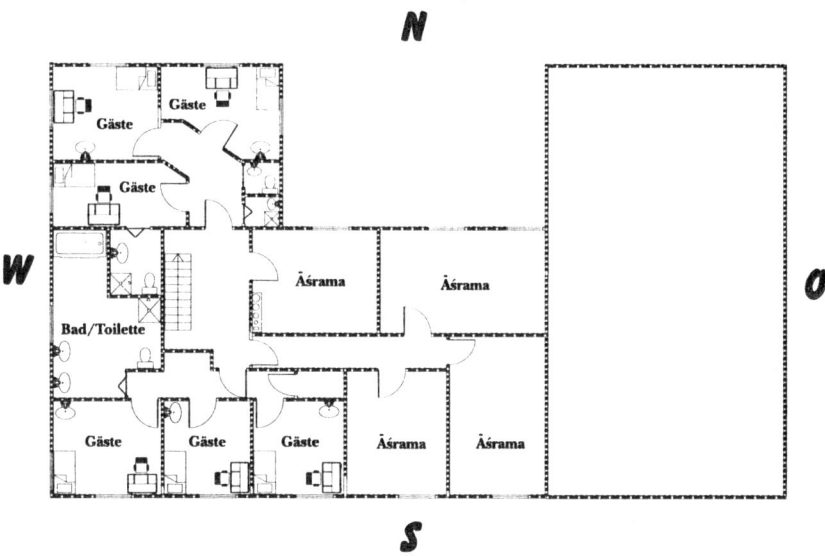

Erste Wohnetage

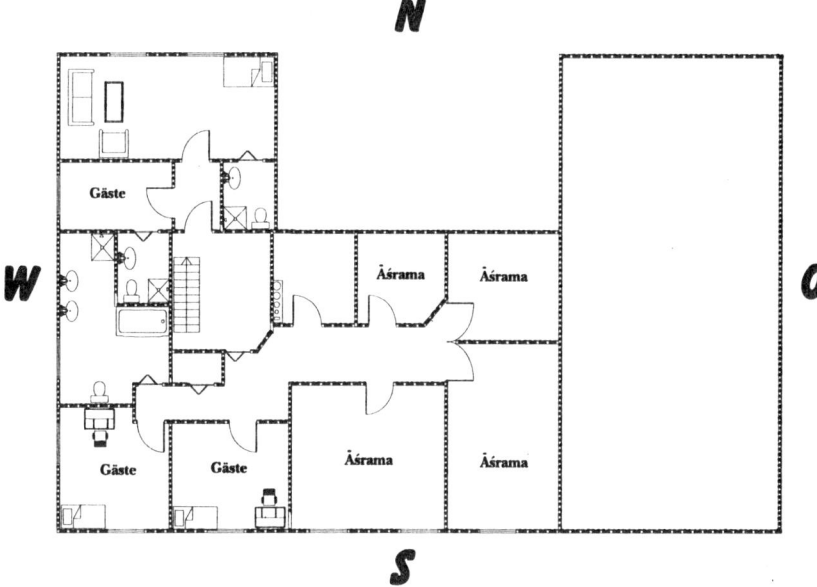

Zweite Wohnetage

Idealerweise befinden sich die Treppen des Gebäudes im Nordwesten und verlaufen in Richtung West-Ost. Das ließ sich hier aus praktischen Gründen nicht realisieren, doch wurde die Treppe zumindest aus dem Südosten in Richtung Südwesten verlegt.

Die Küche befindet sich ideal im Südosten, und auch die Feuerstellen wurden an der östlichen Wand im Südosten eingerichtet, so daß die Köche beim Kochen Richtung Osten blicken. Die Backecke wurde im Nordwesten, dem Bereich Vayus, eingerichtet, die dem Luftelement zugeordnet ist. Dieser Einfluß ist für das Backen förderlich. Wie in jeder Etage, befinden sich die sanitären Anlagen wie Bäder und Toiletten im Westen, wobei immer darauf geachtet wurde, daß die Toiletten in Richtung Süden bzw. Norden weisen.

In der nächsten Etage befindet sich der große Seminarraum, die Rezeption, ein Büro und ein Restaurant. Das Restaurant ist im Westen sehr gut gelegen und auch das Büro, die Rezeption und der öffentliche Verkaufsraum befinden sich im Nordwesten an der richtigen Stelle. Es wurde besonders darauf Wert gelegt, daß die Rezeption Richtung Westen weist.

Die Wohnetagen sind so gestaltet, daß sich die Gästezimmer jeweils im Nordwesten befinden. Die Betten der Gäste weisen Richtung Westen, während die Betten der ständigen Bewohner des Hauses Richtung Osten weisen sollten.

Trotz vieler Kompromisse gelang es beim Ausbau dieses Projekts, einige wichtige Vastu-Prinzipien zur Anwendung zu bringen. Noch bessere Voraussetzungen findet man im allgemeinen nur im Falle eines Neubaus. Das folgende Beispiel zeigt die Anwendung von Vastu im Falle eines Neubaus.

Zur Zeit blockiert der Ostflügel den Nordosten des Seminarzentrums. Wird er in der Zukunft erworben, können die Vastu-Prinzipien sehr viel besser befolgt werden.

Neubau eines Einfamilienhauses

Selbst beim Neubau ist die Anwendung der Vastu-Prinzipien in Nordeuropa mit gewissen Schwierigkeiten verbunden. Auf der einen Seite macht das Bauamt eine ganze Reihe von Vorschriften, die es nicht zulassen, alle Prinzipien des Vastu zu befolgen. Auf der anderen Seite müssen die Vastu-Prinzipien den jeweiligen klimatischen Bedingungen angepaßt werden.

Wichtige Prinzipien im Vastu sind: Die Position des Eingangs, die Position der Küche, die Reinheit des Nordostens, die richtige Gewichtung der Gebäudeteile auf dem Grundstück und die Absicherung des Südwestens.

Straßenansicht

Das hier beschriebene Einfamilienhaus wird im Hunsrück errichtet. Es besitzt einen Keller, ein Erdgeschoß und ein Dachgeschoß. Das Grundstück ist etwas unregelmäßig, hat jedoch ein gutes Gefälle Richtung Norden und Osten. Die Straße verläuft im Westen. Zunächst gaben die Bauherren dem Architekten den Auftrag, die Grundrisse des Hauses ihren Vorstellungen entsprechend zu planen. Hierbei berücksichtigten sie bereits einige Regeln des Vastu.

Anstatt den Eingang des Hauses zur Straße Richtung Westen zu legen, bauen sie ihn im Norden, und zwar östlich zur Mitte der Nordseite. Damit nutzen sie die positiven Energien des Nordens. Der ursprüngliche Plan sah vor, die Arbeitsräume im Westen zu situieren und das Wohnzimmer auf der Südseite. Hiermit wird dem berechtigten Anliegen Rechnung getragen, die wenigen Sonnenstrahlen, die im Hunsrück über das Jahr verteilt auf das Haus fallen, für den Wohnbereich zu nutzen. Damit rutschte jedoch das Eßzimmer in den

Was ist der Nutzen, in einem Palast oder einer Villa zu leben, die nicht im Einklang mit den Gesetzen der Natur errichtet wurde und somit unser ganzes Leben negativ beeinflußt? Besser man lebt in einfachen Verhältnissen in Frieden, Harmonie und Glück.

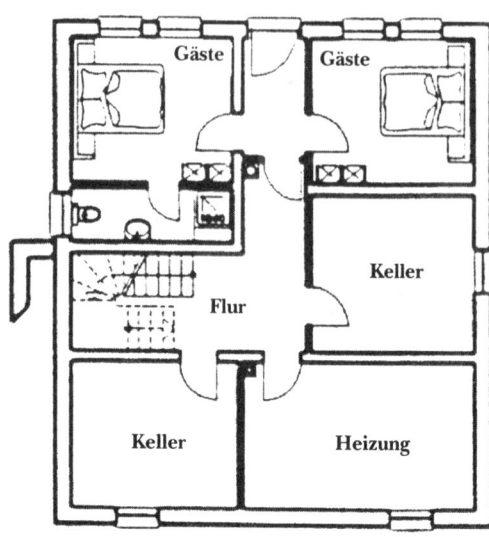

Der Keller vor der Korrektur

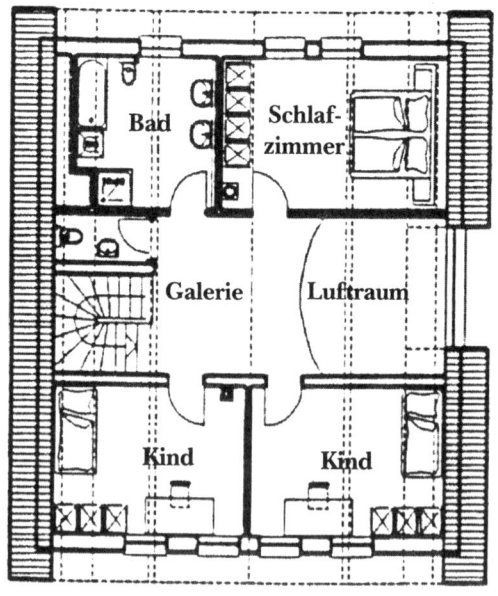

Das Dachgeschoß vor der Korrektur

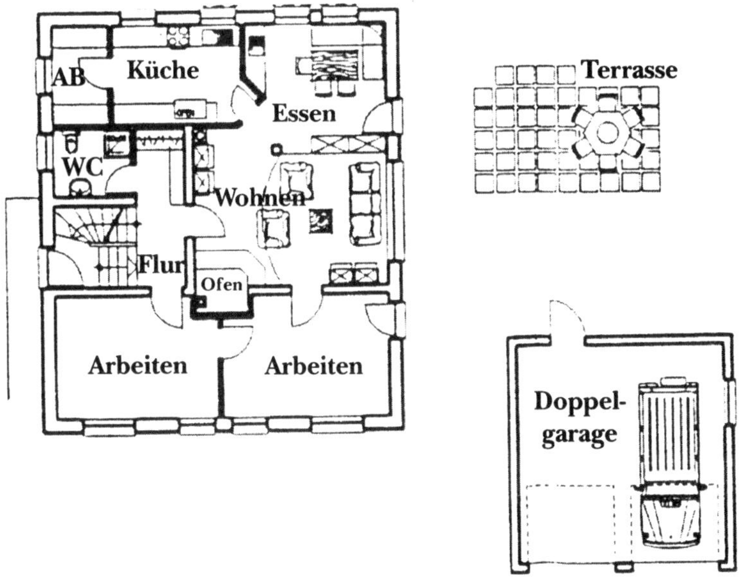

Küche **AB** **Essen** **WC** **Wohnen** **Flur** **Ofen** **Arbeiten** **Arbeiten** **Terrasse** **Doppel-garage**

Grundriß des Erdgeschosses vor der Vastu-Korrketur

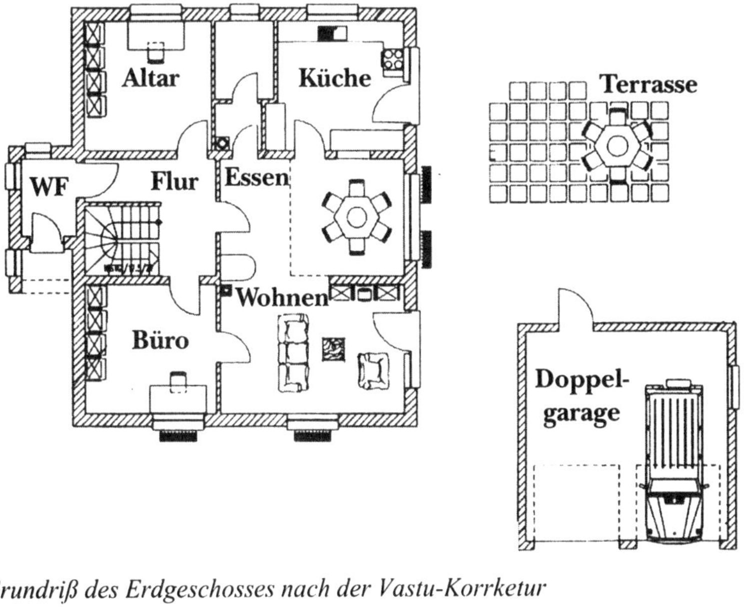

Altar **Küche** **WF** **Flur** **Essen** **Wohnen** **Büro** **Terrasse** **Doppel-garage**

Grundriß des Erdgeschosses nach der Vastu-Korrketur

119

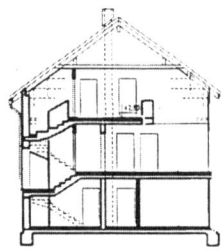

Schnitt-Ansicht von Westen

Ansicht von Süden

Südosten, so daß die Küche in den Osten ausweichen mußte. Im Dachgeschoß plante man die Schlafzimmer für die Kinder im Westen, das Schlafzimmer für die Eltern im Südosten und das Bad im Nordosten.

Nach der ersten Beratung einigten wir uns jedoch sehr schnell darauf, das Bad und die Toilette auf die andere Seite in den Nordwesten zu verlegen. Weiterhin wurden Toilette und Bad räumlich voneinander getrennt, so daß die Reinheit des Bades gewährleistet ist. Das Schlafzimmer für die Eltern wurde in den Südwesten verlegt und der Nordosten stünde damit den Kindern als Schlafzimmer zur Verfügung. Damit war ein guter Kompromiß für die erste Etage gefunden, ohne den Grundriß wesentlich abändern zu müssen.

Das Zentrum des Hauses ist ein großer, offener Raum, der das Haus durch die große Fensterfront, die sich im Süden vom Boden bis zum Dach erstreckt, mit viel Licht und Wärme erfüllt. Auch die Luftzirkulation ist damit gewährleistet, so daß die Residenz Brahmas in der Mitte des Hauses ihren Zweck erfüllt. Im Süden ist die Decke zwischen dem Erdgeschoß und dem Dachgeschoß einige Quadratmeter ausgespart, so daß das Wohnzimmer im Süden viel Raum nach oben gewinnt.

Um den Vastu-Prinzipien im Erdgeschoß zu entsprechen, mußten jedoch einige größere Veränderungen vorgenommen werden. Der wichtigste Schritt bestand darin, die Küche aus dem Osten in den idealen Südosten zu verlegen. Damit rückt das Wohnzimmer mit der Eßecke in den Süden und Südwesten. Die Eßecke befindet sich nun westlich von der Küche im offenen Süden. Im Nordwesten schließt sich an das Wohnzimmer der Büro- und Geschäftsraum an, der damit ebenfalls eine gute Position einnimmt. Insbesondere wird auf diese Weise der Nordosten frei, um als Meditationsraum und zur Verehrung Gottes genutzt zu werden, was der Familie besonders wichtig ist. West-

lich vom Zentrum befindet sich im Wohnzimmer ein großer Kachelofen, der vor allem durch den großen, sich über beide Etagen erstreckenden Raum im Süden das ganze Haus mit Wärme versorgen kann.

Durch die Garage südwestlich vom Haus wird der Südwesten beschwert. Allerdings liegt das Haus eher im Norden des Grundstücks, um dem Garten und der Terrasse Platz im Süden zu lassen. Hiermit sichert man sich zwar den Vorteil der Südsonne, gerät jedoch mit dem Prinzip des Vastu in Konflikt, im Norden und Osten mehr Platz zu lassen, als im Westen und Süden. Während man sich in Indien vor der Sonne schützen muß, versucht man hierzulande, möglichst viel Sonne zu bekommen. Natürlich ändert dies nichts daran, daß die südliche Nachmittagssonne von minderer Qualität ist als die Morgensonne.

Insgesamt gesehen stellt dieses Einfamilienhaus einen guten Kompromiß zwischen den gegebenen praktischen und klimatischen Bedingungen und den generellen Prinzipien des Vastu dar. Im Einzelfall gilt es immer, einen solchen Kompromiß zu finden, da nur sehr selten alle äußeren Umstände ideal zusammenpassen.

Zwei typische Grundrisse

Die nachfolgend abgebildeten Grundrisse beziehen sich auf zwei Möglichkeiten, wie das Haus bezüglich der Himmelsrichtungen liegen kann. Der erste Fall, bei dem die Achsen des Hauses parallel zu den Himmelsrichtungen liegen, ist besser, als der zweite, bei dem die Himmelsrichtungen mit den Ecken des Hauses zusammenfallen. Sie geben schematisch eine ideale Aufteilung des Gebäudeinneren für den Fall eines Einfamilienhauses wieder. Der zweite Fall stellt bereits einen Kompromiß zwischen den Vastu-Prinzipien und den Gegebenheiten des Grundstücks, der Straßenlage oder den jeweiligen Bauvorschriften dar.

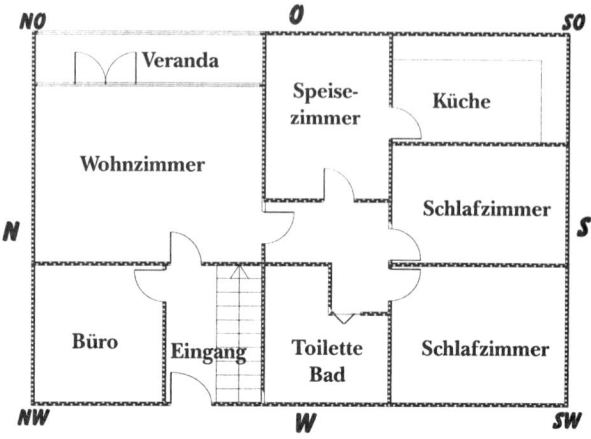

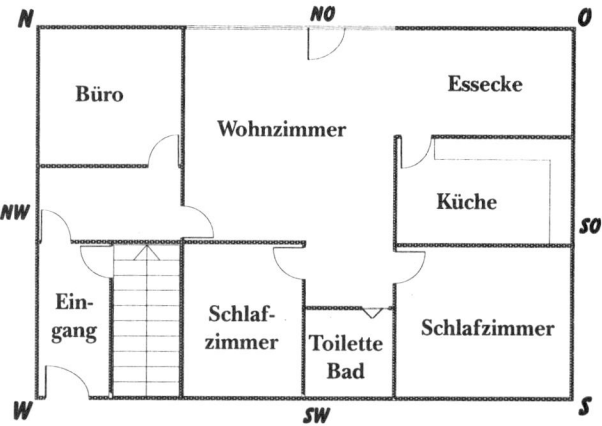

Zwei Grundrisse nach Vastu für verschiedene Orientierungen des Hauses bezüglich der Himmelsrichtungen

Zusammenfassung

Dieses Buch konnte nur die Oberfläche des weiten Meeres der Wissenschaft des Vastu berühren. Dieses Meer beinhaltet jahrtausendealtes Wissen, das auf ebenso alten Schriften beruht und über die Jahrtausende seiner Anwendung immer weiter differenziert und erweitert wurde. Um Vastu verstehen und anwenden zu können, müssen wir uns als Angehörige einer anderen Kultur zunächst einmal mit den grundlegenden philosophischen Gedanken der vedischen Tradition vertraut machen, von der Vastu ein integraler Bestandteil ist. Die Veden sehen den Menschen in eine kosmische und göttliche Ordnung eingebunden, die es durch das Studium der Schriften, durch Meditation und Handeln zu erkennen gilt. Der Mensch steht unter dem Einfluß der Naturgewalten höherer Wesenheiten, die er nur dann verstehen und erkennen kann, wenn er sein eigenes Bewußtsein aus dem Bannkreis seines persönlichen, familiären oder nationalen Egoismus befreit und in größeren und spirituellen Zusammenhängen denkt. Wir Europäer glauben, unsere Abhängigkeit von höheren Wesen oder Göttern überwunden zu haben und uns ein rationales Verständnis der Natur und unserer Existenz angeeignet zu haben. Es zeigt sich jedoch immer wieder, daß uns auf diese Weise ein wesentlicher Aspekt der Wirklichkeit entgeht. Vastu lehrt, wie der Mensch in die Natur, das Lebensfeld der Erde, das Sonnensystem, den Kosmos und die göttlichen Ordnung eingebunden ist und zeigt ihm, wie er im Einklang mit all diesen Kräften leben und seine Umgebung kreativ gestalten kann.

Die alte indische Kultur ist für ihre gewaltigen und kunstvollen Tempelbauten berühmt, die tiefer Ausdruck dieses Verständnisses sind. Die vedischen Tempel stellen schon allein von ihrer Architektur her eine

*In der Bhagavad-gita heißt es:
»Man muß seine Arbeit Vishnu als Opfer darbringen, denn sonst wird man durch sie an die materielle Welt gebunden. O Sohn Kuntis, erfülle daher deine vorgeschriebenen Pflichten zu Seiner Zufriedenstellung; auf diese Weise wirst du immer frei von Bindung bleiben.«*

»Am Anfang der Schöpfung brachte der Herr aller Geschöpfe Generationen von Menschen und Halbgöttern hervor, zusammen mit Opfern für Vishnu, und segnete sie, indem er sprach: Möget ihr durch dieses Opfer glücklich werden, denn seine Durchführung wird euch alles gewähren, was wünschenswert ist, um glücklich zu leben und Befreiung zu erlangen.«

»Wenn die Halbgötter zufriedengestellt sind, werden sie auch euch erfreuen, und wenn auf diese Weise die Menschen mit den Halbgöttern zusammenarbeiten, wird Wohlstand für alle herrschen.«
Bhagavad-gita 3.9-11

»Mit großem Glauben erfüllt, bemüht er sich, einen bestimmten Halbgott zu verehren, und erlangt die Erfüllung seiner Wünsche. Doch in Wirklichkeit werden diese Segnungen von Mir allein erteilt.«
Shri Krishna in der Bhagavad-gita 7.22

Brücke zu anderen Seinsbereichen und Dimensionen dar. Der Mensch strebt nach Freiheit, doch kann er diese nicht erreichen, indem er sich aus dem Zusammenhang der Naturgesetze herauszulösen versucht. Dadurch entzieht er sich letztlich seine eigene Lebensgrundlage und wird zum Feind des Lebens und der Natur. Freiheit gibt es nur in Verantwortung und in Zusammenarbeit mit dem Rest der Welt, dem wir für seine Toleranz und Duldsamkeit uns gegenüber dankbar sein können. Wenn der Mensch bei seinen Eingriffen in die Natur mit mehr Respekt und Wissen vorgeht und sich darüber bewußt ist, daß er als Teil der Natur von ihr abhängig ist, wird sich auch die ökologische Situation wandeln.

Architektur schafft ein Abbild des Universums, in dem der Mensch lebt. Verzerrt sie die verschiedenen Aspekte des Kosmos und stört seine Harmonie, wird der Wohnraum voller Spannungen sein und die Probleme seiner Bewohner verstärken. Er wird seine Bewohner nicht vor negativen Einflüssen beschützen können, ebenso wie ein undichtes Dach keinen ausreichenden Schutz vor Regen und Sturm bietet. Wenn die Architektur jedoch die Kräfte und Aspekte des Kosmos in harmonischer Weise auf die Erde projiziert, entsteht damit ein Wohnraum, der die Probleme seiner Bewohner ausgleicht und ihm die positiven materiellen und geistigen Energien des Universums zufließen läßt. Das Ziel des Vastu besteht darin, dem Menschen die idealen Voraussetzungen dafür zu geben, glücklich und harmonisch in dieser Welt zu leben. Erst in einer solchen Situation kann sich der Mensch ungestört mit den wahren Zielen des Lebens beschäftigen, nach Selbst- und Gotteserkenntnis streben und seine eigene spirituelle Natur und Beziehung zu Gott erkennen.

Literaturverzeichnis

Verschiedene Teile dieses Buches beziehen sich auf unterschiedliche Bücher zum Thema Vastu. Teilweise wurden Übersetzungen von Sanskrit-Originaltexten herangezogen, teilweise dienten akademische Klassiker als Grundlage, während in Bezug auf die praktische Planung eines Hauses auf verschiedene sehr gute moderne Arbeiten zurückgegriffen wurde. Die folgenden Bücher fanden hierbei besondere Beachtung:

Vastushastra, An Edifice Science, A.R. Tarkhedkar, Cosmo Publishing House, India, Dhulia 1995

Principles and Practice of Vastu Shastra, V.V. Raman, Vidya Bhavan, Jaipur 1996

Vedic Architecture and Art of Living, A Book on Vastu Shastra, B.B. Puri, Vastu Gyan Publication, Delhi 1995

Hidden Treasure of Vastu Shilpa Shastra and India Traditions, Derebail Muralidhar Rao, SBS Publishers, Bangalore 1995

Vastu Shastra, Vol.1, Hindu Science of Architecture, D.N. Shukla, Vastu-Vanmaya-Prakasana-Sala, Lucknow 1960

The Secret World of Vaasthu, Gouru Tirupati Reddy, Prajahita Publishers, Hyderabad 1996

Vastu Sutra Upanishad, A. Boner, Sadasiva Rath Sarma, Bettina Bäumer, Moltilal Banarsidass, Delhi

Viswakarma Vastushastram, K.V. Sastri, N.B. Gadre, Tanjore Sarasvati Mahal Series No. 85, Tanjore 1958

Matsya Purana – A Study

Matsya Purana, Übersetzung aus dem Sanskrit

The little Book on Vastu, Gyan C. Jain, BPB Publications, Delhi 1996

Literatur, auf die im Text Bezug genommen wird:

Bhagavad-gita, Wie sie ist, A.C. Bhaktivedanta Swami Prabhupada, Bhaktivedanta Book Trust, Vaduz 1987

Shrimad Bhagavatam, A.C. Bhaktivedanta Swami Prabhupada, Bhaktivedanta Book Trust, Vaduz 1983

Das letzte Geheimnis, Naturwissenschaft und Bewußtsein, Marcus Schmieke, INES-Verlag, Frankfurt 1995

Das Lebensfeld. Naturwissenschaftliche Grundlagen einer spirituellen Auffassung vom Leben, Marcus Schmieke, INES-Verlag, Weißenstein 1997

Feinstoffliche Energien in Naturwissenschaft und Medizin, Marcus Schmieke (Hrsg.), Aeon-Verlag, Weißenstein 1997

Polyeder und Kosmos, Spuren einer mehrdimensionalen Welt, Koji Miyazaki, Vieweg, Braunschweig 1987

Die heilende Kraft des Lichts, Jacob Libermann, Scherz Verlag, München 1991

Das letzte Geheimnis – Naturwissenshaft und Bewußtsein, Marcus Schmieke

224 S., DM 24,00 INES-Verlag

Das Lebensfeld, Marcus Schmieke

272 S., DM 29,00 INES-Verlag

Über den Autor

Marcus Schmieke, geboren 1966 in Oldenburg, studierte Physik und Philosophie in Hannover und Heidelberg. Er wurde 1989 in eine vedische Schülernachfolge eingeweiht und verbrachte seither zahlreiche Studienaufenthalte in Indien, um Sanskrit, vedische Philosophie und Vastuvidya zu studieren.

Seit 1993 arbeitete er hauptsächlich an der Integration von Wissenschaft und Spiritualität und veröffentlichte seine ersten Arbeiten zu diesem Thema in der 1994 von ihm mitbegründeten Zeitschrift Tattva Viveka. Weiterhin verfaßte er die Bücher „Das letzte Geheimnis" (1995) und „Das Lebensfeld" (1997) und gab einen Kongreßband über „Feinstoffliche Energien in Naturwissenschaft und Medizin" heraus (1997).

Im Jahre 1996 gründete er die Veda-Akademie zur Integration von Wissenschaft und Spiritualität auf Schloß Weißenstein, die sich als ein interdisziplinäres Forschungs- und Lehrzentrum mit neuen Paradigmen in Wissenschaft und Medizin beschäftigt.

Im April 1998 zog diese Akademie in die Sächsische Schweiz, und richtete ihren Schwerpunkt wieder stärker auf die Erforschung vedischen Wissens. Vastuvidya bildet einen integralen Bestandteil ihrer Arbeit, da in die vedischen Architektur Wissen aus allen Bereichen einfließt.

Neben seinem Studium der wichtigsten Originaltexte studierte Marcus Schmieke die technischen Aspekte des Vastuvidya an dem renomierten südindischen Institut *Vastuvidyapratisthanam.* Gegenwärtig bietet er neben Vorträgen und Seminaren auch eine Ausbildung zum Vasati-Berater an.

Vasati – Die Architektur der Freude

Vasati ist die ursprüngliche Form der vedischen Architektur in ihrer auf den europäischen Kontinent abgestimmten Form. Jedes Land besitzt klimatische, geistige, kulturelle und soziale Besonderheiten, die mit den universellen Prinzipien des Vastuvidya verbunden werden müssen. Im Vasati verbinden sich das Wissen über die vedische Architektur, die Naturelemente und den Einfluß der Planeten mit der Wahrnehmung der feinstofflichen Energien und Einflüsse zu einer persönlichen Architektur der Freude. Vasati ist ein anspruchsvoller individueller Weg zu mehr Wohn- und Lebensqualität auf der Grundlage Jahrtausende alten Wissens und moderner Forschungen.

Vasati-Ausbildungen und -Beratungen umfassen:

- Vedische Architektur
- Inneneinrichtung der Wohnraumgestaltung
- Vedische Astrologie zur Bestimmung des richtigen Zeitpunktes für Bauvorhaben und ähnliche Ereignisse
- Berücksichtigung der Erdenergiegitter und geomantischer Energien
- Arbeit mit den fünf Elementen und den Planeten zur persönlichen Raum- und Lebensgestaltung

Bei Interesse wenden Sie sich bitte an die folgende Adresse:

Akademie „Burg Schöna"
Stichwort Vasati
Hirschgrund 94
01814 Schöna
Tel. 035028-80981   Fax 035028-80982

Akademie „Burg Schöna"

zur Integration von
Wissenschaft und Spiritualität

Burg Schöna in der Sächsischen Schweiz

ISBN 3-931 652-65-3
gebunden, ca. 176 Seiten
mit ca. 180 Abbildungen
DM 29,80

Marcus Schmieke
Haus, Mensch und Kosmos
Wie Vastu unsere Zukunft beeinflußt

„Haus, Mensch und Kosmos" vermittelt mit mehr als 180 Zeichnungen und kurzen Texten die Geheimnisse des Vastu, nach denen in Indien seit Jahrtausenden Häuser, Tempel und ganze Städte gebaut werden. Die Erfahrung Hunderter Generationen vedischer Baumeister und Architekten beweist, daß die Zukunft des Menschen sowohl im persönlichen und gesundheitlichen als auch im geschäftlichen Bereich von der Gestaltung seines Wohnraums beeinflußt wird. Dieses Buch zeigt Ihnen, wie Sie selbst das Wissen des Vastu anwenden können und seine tiefgehende Wirkung erfahren können.

ISBN 3-931 652-50-5
196 Seiten · broschiert
DM 26,80

Kurt Tepperwein
Ewige Weisheiten
Nutzen Sie Ihre kreativen Gedanken

Dieses Buch ist eine Hilfe, die Wahrheit in sich zu finden; die ewige Weisheit, die die kosmische Ordnung sowie die »Geistigen Gesetze« erkennen läßt. Es ist ein Angebot des Lebens, eine Chance sich selbst zu erinnern. Es birgt eine ganz persönliche Botschaft, sich, das Leben, und den Sinn des eigenen Lebens zu erkennen. Es zeigt das Ziel allen Seins und die Wahrheit, die in allem liegt auf und hilft jedem Menschen endlich der zu werden, der er in Wirklichkeit ist und immer war.

Olivia Moogk
Geheimsymbolik des Feng-Shui

Das Buch „Geheimsymbolik des Feng-Shui" ist die erste Veröffentlichung dieser Art, das die Macht der Symbole präsentiert.

Mit den Geheimsymboliken kann man Glück, Wohlstand, Gesundheit, gute Liebesbeziehungen und Kinderglück genauso anziehen wie Glück in geschäftlichen Angelegenheiten, Schutz und Macht. Daß dabei Codierungen, die mit den Himmelsrichtungen zusammenhängen eine nicht zu unterschätzende Rolle im Leben spielen können und Formen zu Resonanzen im Körperinneren führen, sollte Sie nach diesem Büchlein nicht mehr verblüffen.

ISBN 3-931 652-63-7
120 Seiten · gebunden
DM 19,80

Roland Geisselhart
Astrologie im All-Tag
Wie man sich von den Sternen helfen läßt

Dieses Buch ist eine Hilfe, zur Stärkung der erwünschten astralen Einflüsse und zum praktischen Verständnis der Weisungen der Sterne, um die positiven Konstellationen seines persönlichen Horoskops für sich zu nutzen. Die Planeteneinflüsse alleine machen noch kein Schicksal unabänderlich. Wer sich von den Äusserlichkeiten des Alltags so gut wie möglich löst, kann ein großes Stück innerer Freiheit erlangen. Auf dieser Basis werden die Sterne rasch zu Freunden, die den Alltag zum All-Tag werden lassen. Wir selbst können durch gezielte Impulse den Lauf der Dinge beeinflussen.

ISBN 3-931 652-49-1
ca. 152 Seiten · broschiert
DM 24,80

Carmen Schüle
Handlesen leicht gemacht
Der schnelle Charakterspiegel

Mit diesem Buch haben Sie die Möglichkeit in die Hohekunst des Handlesens einzusteigen. So kann die Hand Veranlagungen und Begabungen preisgeben. Das Handlesen führt zu vertiefter Selbsterkenntnis und hilft auch das Wesen anderer Menschen besser zu ergründen. In Abbildungen werden alle wesentlichen Handmerkmale erklärt.

ISBN 3-931 652-46-7
ca. 200 Seiten · vier-farbig · gebunden
DM 33,00

Mark Smith
Aura-Sehen
Schnell und einfach

In Aura sehen - schnell & einfach erforscht Mark Smith die entscheidende Rolle der Aurasichtigkeit, also der Fähigkeit, die menschliche Aura wahrzunehmen, als ein Weg zur Erhaltung von Gesundheit und Wohlbefinden. Aurasehen ist völlig natürlich und ungefährlich, und viele Menschen sind sich der Existenz dieser Aura sogar schon bewußt, denken jedoch meist, daß es sich dabei um Intuition, Ausstrahlung oder „Chemie" handelt…
Haben Sie die Kunst des Aurasehens erst einmal erlernt, werden Sie bei anderen erkennen können, wenn sie lügen oder welchen Beruf sie haben oder - auch bei sich selbst - wenn eine Krankheit im Anmarsch ist, ohne daß erst die ersten Symptome auftreten müssen.

ISBN 3-931 652-48-3
176 Seiten · broschiert
DM 24,80

Karl Walter Nowak
Nie mehr Angst vor Krebs

ISBN 3-931 652-38-6
214 Seiten · gebunden
DM 24,80

Operation meist überflüssig... Chemotherapie umstritten... Vorsorge als Angstmacher... Drei von vier Erkrankungen auf natürliche Weise heilbar... Schluckimpfung gegen Krebs... Der Fall Olivia... Interviews, Berichte und Analysen.

Otto Höpfner
Die feinstoffliche Strahlungsenergie
Erkenen, verstehen, nutzen

ISBN 3-931 652-43-2
136 Seiten · broschiert
DM 24,80

Der Ingenieur Otto Höpfner erklärt die physikalischen Hintergründe der feinstofflichen Energien und gibt Hinweise, wie man sich diese für seine Gesundheit und sein Wohlbefinden nutzbar machen kann.

ELFENHELFER

Format 10x15cm · broschiert · 80 Seiten · illustriert · DM 8,20 ISBN 3-854 66-00 (   )

Sei gut zu Dir

Der originale Bestseller, der die Elfenhellfer-Bewegung ursprünglich ausgelöst hat. Echte Selbstliebe beginnt mit der An-Erkenntnis, daß jeder von uns Gottes schöpferische Handarbeit ist. (0-6)

Lasse Dir Zeit

Handfeste Ideen für Leute, die immer in Eile sind: Zur Wiedergewinnung dessen, was Du bereits besitzt: Zeit, genügend Zeit. Geleitet zu einem entspannteren, friedvolleren Gebrauch der Zeit. (4-9)

Bleib guten Mutes

Für all jene, die sich alltäglichem Ungemach und Rückschlägen gegenübersehen. Wundervolle Elfenhilfe, den Geist wieder aufzurichten und trotz der rauhen Seiten des Lebens zu lächeln. (3-0)

Dein inneres Kind Erinnern

Augenfällige Ermutigungen, Dich auch als Kind wahrzunehmen, geliebt und glücklich und fähig, als begabtes Kind Gottes Dein Leben mit Zuversicht zu lenken. (1-4)

Ein einfacheres Leben

Dieses Büchlein bietet einen Weg mitten durch die Ver-wicklungen unseres komplexen Lebens hin zur Wiederentdeckung seiner einfacheren Freuden und Geschenke. (2-2)

Loslassen im Annehmen

Inspirierende Texte und einnehmende Illustrationen führen den Leser sanft in Richtung einer lebensbejahenden, heilenden Sichtweise und Einstellung. (5-7)

Die zweiten 6 von 34 Elfenhellfern:

Sei gut zu Deinem Körper (06-5) **Feiere Dein Frau-Sein** (08-1)

Sei gut zu Deiner Ehe (07-5) **Alles Gute zum WiederGeburtsTag** (09-X)

Vertraue Deiner Trauer (11-1) **Spiele Dich Frei** (10-3)